AF296499

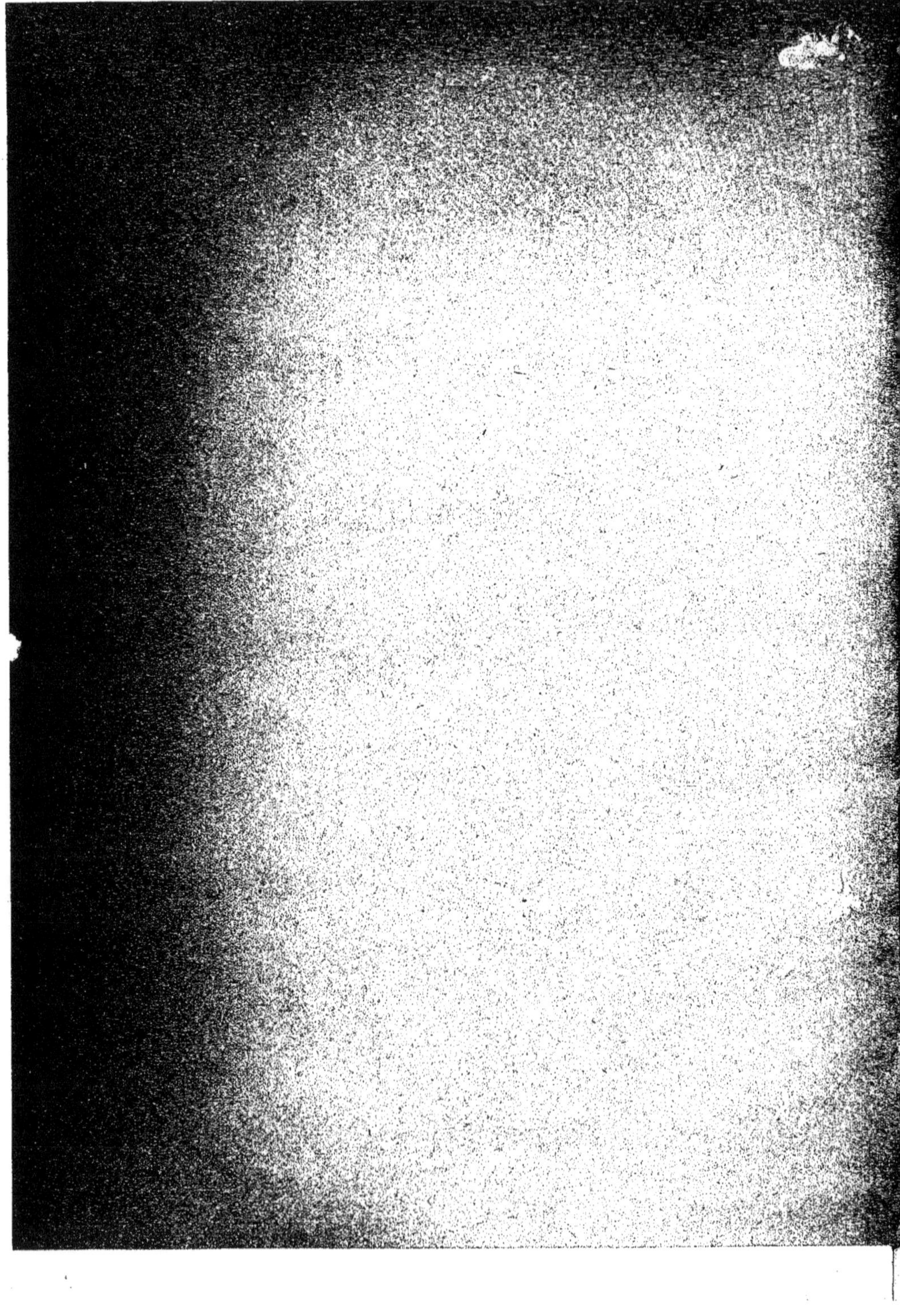

# TRAITÉ et COURS

## DE

## Composition Musicale

### POUR APPRENDRE

En très peu de temps, de la manière la plus simple, et la plus agréable à COMPOSER l'Accompagnement d'une MÉLODIE, ou à Improviser toute espèce de Morceau pour Chant, pour un Instrument quelconque et même pour Grand Orchestre.

Dédié à

PAR

# B.T.Missler & C.A.M.Passamonti

Prix : 15.f net

Qu'on réduise l'Harmonie à deux accords, à un seul, à la moitié d'un si l'on peut, il n'y a rien à dire si cette réduction donne le moyen de mieux faire comprendre la science aux Élèves — Rien de ce qui peut servir la grande cause de la prompte et facile communication des notions scientifiques ne doit être mis de coté.

*Alexis Azevedo*

Paris à l'ECHO MUSICAL rue Favart Nº 2
Bruxelles, Leipzig et Livourne, A. Lacroix, Verboeckhoven et Cie
Londres, chez Schott et Cie    Madrid, chez Don José Cuesta.
Droits de Traduction et Reproduction réservés.

Duchenin Imp.r Fontaine Molière

1863

# A ROSSINI.

Très Illustre Maître,

En composant notre Traité une pensée encourageante a constamment soutenu notre zèle, c'est que vous daigneriez en accepter la dédicace, après en avoir apprécie la valeur; cette faveur serait une bien précieuse garantie, pour le public, que cet ouvrage ne sera pas indigne de lui être présenté, et, serait pour les auteurs, leur premier succès et la plus enviée des récompenses.

Vous possédez amplement, Illustre Maître, cette noble qualité des génies d'élite, d'aimer à encourager, à diriger, à protéger les efforts où vous entrevoyez des germes d'espérance. Personne ne saurait le proclamer avec plus de reconnaissance que moi, à qui vous avez si généreusement accordé l'appui de votre nom et de votre éclat sans rival, en me permettant de publier, depuis plusieurs années, sous vos auspices, l'ÉCHO MUSICAL.

L'idée de la simplification dans l'étude de la composition, unique objet de notre traité, semble être la votre, parcequ'elle est la loi de vos inspirations: « *être simple, c'est être fort.* » — Poser comme principe incontestable, comme base de l'harmonie, la transformation des quinze accords du système en deux accords fondamentaux, pour chaque ton majeur ou mineur; en démontrer l'application en un petit nombre de leçons, au moyen de dessins rythmiques, de la portée du guide, qui remplace la basse chiffrée, et de nos tableaux : — Voilà notre traité.

Votre suffrage si encourageant, Illustre et cher Maître, nous donnera l'espérance que cet ouvrage peut contribuer à ouvrir une route plus facile, plus directe et par cela même, plus attrayante et plus fréquentée pour la culture de cet art auquel vous avez dévoué votre vie sans réserve, car on peut dire que chaque souffle de votre existence est une note mélodique.

Autour de la mélodie, qui est l'inspiration céleste, l'âme de la musique, la musique même, viennent se grouper comme des ornements pleins d'attraits, lorsqu'ils sont maniés avec votre supériorité, tous les effets d'harmonie.

Tout ce qu'on peut produire de plus doux, de plus suave, de plus gracieux et aussi de plus sublime, compose l'œuvre que vous laisserez à la postérité. Permettez-nous, Illustre Maître, de répéter, pour le consacrer, le mot qu'un poète vous écrivait un jour: *La nature en vous créant a dit à la mélodie, comme à la mer* « TU N'IRAS PAS PLUS LOIN!»

Daignez agréer, Très cher et Très Illustre Maître,
les hommages les plus sincères de reconnaissance et d'admiration
de vos très respectueux serviteurs

**B.T. MISSLER**, Directeur de l'ÉCHO MUSICAL.

**C.A.M.PASSAMONTI.**

Paris, le 15 Octobre 1863.

## ROSSINI

à MM. B.T. MISSLER et C.A.M. PASSAMONTI.

*Messieurs,*

*J'ai parcouru, avec un intérêt toujours croissant, votre traité de Composition et j'accepte avec plaisir la dédicace que vous me faites l'honneur de m'offrir.*

*Je ne mets pas en doute son succès; ce Travail, dont la singularité et la clarté sont à la portée de tous les amateurs, vous fera des prosélytes et vos travaux se trouveront ainsi couronnés.*

*Recevez, Messieurs, avec mes augures, l'assurance de ma parfaite considération*

*G. ROSSINI.*

Passy-Paris,
17 Octobre 1863.

# PRÉFACE.

Des hommes dévoués à l'art musical ont tenté de nombreux essais pour rendre l'étude de la composition plus facile. Mais le peu de personnes qui se livrent à cette science, source de nos plaisirs et de nos sensa_ tions les plus agréables, témoignent que le but n'a pas encore été atteint.

Si les génies de la composition eussent livré le secret de leurs ravissantes modulations, nul doute que depuis longtemps déjà cette science serait apparue dans toute la simplicité qu'elle tient de la nature: Nous voulons dire ici que les vrais compositeurs de musique, par l'expérience qu'ils ont acquise de l'effet instru_ mental, de la succession des accords et de la loi naturelle qui régit la marche des sons, pourraient s'ils le voulaient, mettre leur art divin à la portée de tous; car dans toute chose la vérité n'est QU'UNE. Soyons de suite dans le vrai à notre point de départ et tout ne sera plus pour nous que plaisir et délassement.

Nous avons la certitude qu'une méthode simple, claire, précise et surtout très brève, inspirerait au plus grand nombre le désir d'étudir la composition musicale. Car on n'apprend pas seulement une science, un art pour en faire sa profession, mais encore pour former son goût et son jugement, enfin pour compren_ dre et analyser les œuvres des grands maîtres qui nous charment.

On nous dira : « pour composer de la musique, il faut de l'inspiration; et nous n'en avons pas. »

Notre traité va répondre à cette objection, car désormais, par notre méthode, on pourra parvenir à composer, même sans posséder le feu sacré; et cela tout en observant les règles les plus sévères de l'harmonie.

Toute science se compose de combinaisons et de calculs; il en est de même de la science musicale: Par exemple, que l'on jette dans une urne douze numéros, qu'on en retire deux au hasard, il est certain que les deux numéros sortis sont inscrits d'avance dans la combinaison que l'on pourrait faire de chaque deux numéros, depuis un jusqu'à douze.

De même par les DOUZE SONS qui forment l'échelle musicale, en les combinant de différentes ma_ nières, au moyen d'un rythme quelconque, on obtiendra mécaniquement, ainsi qu'on le verra, toute espèce de morceau de musique. Nous dirons même que tout air sorti au hasard et par inspiration du cerveau du com_ positeur est déjà prévu par les combinaisons de la science. (*)

Concluons. Par notre méthode on peut apprendre la composition musicale et improviser de suite mé_ caniquement, *(plus tard par inspiration)* à l'aide d'un calcul aussi simple qu'agréable, toute espèce de mélodie à laquelle on appliquera un accompagnement, en suivant les règles que nous donnons dans notre traité.

Ainsi, pour ne pas fatiguer la mémoire et l'esprit nous réduisons les **QUINZE ACCORDS** du sys_ tème musical en **DEUX ACCORDS FONDAMENTAUX** ce qui est plus facile à retenir; d'ailleurs en embrassant d'un seul trait le tout, nous nous rencontrons avec tous les autres traités sur la manière de pratiquer isolément chaque accord dans sa résolution naturelle et exceptionnelle.

Par notre système on peut également parvenir à toute espèce de composition libre, ainsi qu'on le verra par notre **TABLEAU D'IMITATIONS** de la 4.ᵐᵉ leçon et au Guide général où nous mettons en vue différentes études sur le Contre-point.

Nos moyens seront aussi d'un grand secours pour éclairer ceux qui voudront se livrer avec fruit à la lecture ou au travail de la Basse chiffrée. Nous avons préféré le remplacer par notre *portée du Guide*, qui frappe mieux la vue qu'un chiffre placé sur une note de Basse; notre moyen est beaucoup plus à la portée de toutes les intelligences.

(*) Nous ne prétendons pas remplacer l'étincelle divine qui seule crée les chefs-d'œuvres, mais suppléer au manque d'inspiration dans les œuvres ordinaires qui ont aussi leur charme.

Pour faciliter le travail de la succession des accords et en faire comprendre le but, nous faisons mar_cher de pair la mélodie et l'harmonie, qui doivent être, selon nous, deux sœurs inséparables.

Pour remplacer l'inspiration, nous offrons au public une source féconde à laquelle on peut puiser une infinité de mélodies au moyen de dessins rythmiques composant la mesure, en y appliquant les notes de l'un des deux accords fondamentaux avec des notes étrangères.

Par notre tableau des douze accords de 9$^{mes}$ de la 5$^{me}$ leçon nous présentons à la vue toutes les res_sources de l'art dans les modulations.

Pour ne pas alarmer dès le début les plus intrépides par des détails difficiles à comprendre et à retenir, nous simplifions et nous précisons par notre RÈGLE GÉNÉRALE et par nos DEUX RÈGLES D'HARMONIE la marche que les notes doivent avoir.

Enfin nous espérons qu'on nous saura gré de nos efforts pour la propagation d'une science que nous cherchons à mettre à la portée de tout le monde, car plus il y aura de connaisseurs, plus grand sera le nombre des appréciateurs du vrai talent.

## DIVISION DU TRAITÉ.



On remarque que par nos tableaux et par notre système nous avons pu, dans notre traité, en renfermer quatre, savoir : 1° TRAITÉ DE MÉLODIE. — 2° TRAITÉ D'HARMONIE. — 3° TRAITÉ DE CONTRE-POINT LIBRE. — 4° TRAITÉ D'INSTRUMENTATION.

*NOTA.* Le grand tableau d'instrumentation se vend à part : Il contient la portée des voix, celle de tous les instruments usités dans l'orchestre et dans les musiques militaires. Chaque colonne contient l'unisson parfait de tous les instruments. On pourra orchestrer un morceau quelconque par ce seul tableau.

---

Plusieurs Cours sont ouverts.

# COURS DE COMPOSITION MUSICALE.
## PREMIÈRE LEÇON.

Chaque ton majeur, ou mineur possède deux accords fondamentaux dont on se sert pour composer un morceau de musique quelconque; 1<sup>mo</sup> L'accord parfait; 2<sup>do</sup> L'accord de neuvième. Pour trouver l'accord parfait d'un ton quelconque on prend la première, la troisième, et la cinquième note de la gamme d'un ton. Ainsi pour trouver l'accord de *do majeur*, l'on prend *do mi sol*. Exemple:

Pour trouver l'accord de neuvième d'un ton quelconque, l'on prend pour note fondamentale la cinquième note de la gamme du ton, et sur cette note l'on fait la succession de quatre tierces en montant, de manière à ce que la première tierce soit majeure (*deux tons*,) et à ce que les autres tierces soient mineures (*un ton et demi*). Ainsi pour trouver l'accord de 9<sup>me</sup> du ton de *do majeur*, l'on prend *sol*, 5<sup>me</sup> note de la gamme, et l'on dit ainsi qu'il suit: La tierce de *sol* en montant c'est *si*; la tierce de *si* en montant c'est *ré*; la tierce de *ré* en montant c'est *fa*; la tierce de *fa* en montant c'est *la*.—De *sol* à *si* l'on a la 1<sup>re</sup> tierce, qui doit être majeure et elle l'est en effet. De *si* à *ré* l'on a la 2<sup>me</sup> tierce qui doit être mineure et elle l'est en effet. De *ré* à *fa* l'on a la 3<sup>me</sup> tierce qui doit être mineure et elle l'est en effet. De *fa* à *la* l'on a la 4<sup>me</sup> tierce qui doit être également mineure, mais ici elle est majeure; donc je dois baisser le *la* au moyen du bémol, et j'aurai *la bémol*. Exemple:

La quatrième tierce est susceptible d'être majeure, ainsi que nous le verrons plus loin. (*Voir le Nota N? 2. page 4.*)

Tout morceau de musique marche de phrase antécédente à phrase conséquente. La phrase antécédente est celle par laquelle on commence le morceau; si elle est de quatre mesures, la phrase conséquente doit aussi se composer de quatre mesures. Pour faire la mélodie, et l'harmonie d'un morceau on prend d'abord trois portées: La première portée sert à la composition de la mélodie; la 2<sup>me</sup> sert pour l'accompagnement et la 3<sup>me</sup> doit servir pour *guide*, c'est à dire qu'elle doit contenir les deux accords fondamentaux dont on se sert pour composer. Exemple:

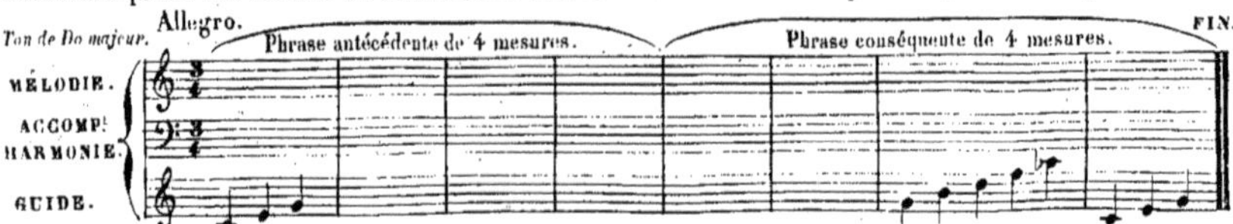


Pour commencer un morceau, on se sert généralement, des notes de l'accord parfait du ton que l'on a choisi, mais pour finir le morceau l'on doit faire entendre les notes de l'accord de 9<sup>me</sup> lequel doit précéder l'accord parfait par lequel on finit le morceau, ainsi que nous l'avons fait ci-dessus; dans les autres mesures que nous avons à dessin laissées vides, on est entièrement libre de placer soit l'accord parfait, soit l'accord de neuvième. — Nous avons combiné de la manière suivante:

Après avoir préparé le tout comme ci-dessus, on passe à la formation de la mélodie, laquelle doit être composée mécaniquement, avant de la composer par inspiration. C'est ainsi que l'on peut, sans aucune entrave, parvenir à faire l'accompagnement à tout air donné. Voici comment l'on procède : On choisit un trait rythmique *(Voir notre tableau N° 2.)* et on le remplace par des notes de l'accord que l'on a pour *guide* à la 3me portée. Pour l'exemple qui va suivre nous avons choisi le trait N° 23. ♩. ♫ pour les deux premières mesures; le trait N° 33. ♫♫ pour la 3me mesure; le trait N° 2. ♩ ♪ pour la 4me mesure, et nous répétons les mêmes traits pour les mesures de la phrase conséquente. Exemple :

On doit toujours, finir comme ci-dessus, le morceau par la note fondamentale de l'accord parfait du ton. Après avoir composé la mélodie, l'on procède à la composition de l'harmonie, pour laquelle l'on doit nécessairement se servir des mêmes notes de l'accord dont on a composé la mélodie, à moins de produire une cacophonie.

Donc on doit placer en accord les notes des accords fondamentaux que l'on a dans chaque mesure pour *guide* à la 3me portée, comme dans l'exemple suivant :

*NOTA.* Dans l'accord de 9me on peut supprimer, pour l'accompagnement, telle note que l'on voudra à la commodité de l'instrumentiste, et même placer les notes de l'accord aux différentes positions que l'on voudra, pourvu que la 9e ne se trouve pas à la distance de seconde avec la note fondamentale de l'accord ou au dessous.

Généralement l'on donne aussi un rythme à l'accompagnement, mais pour commencer nous désirons un rythme uniforme et très simple soit ♪♪♪ pour l'accord parfait et soit ♪♪♪ pour l'accord de 9me. La noire en bas frappera la note fondamentale d'un des deux accords fondamentaux, et les deux noires en haut précédées du soupir frapperont la tierce et la quinte de l'accord parfait. Les trois noires en haut pour l'accord de 9me frapperont la tierce, la 7me et la note fondamentale à l'8ve supérieure, dans ce cas nous supprimons, d'après la faculté que nous donne le *Nota ci-dessus,* la quinte et la 9me de l'accord. Exemple :

Par notre tableau d'instrumentation que nous donnons plus loin l'on pourrait de suite mécaniquement et à cette première leçon, arranger à grand orchestre, l'exemple ci-dessus ou de semblables.

*NOTA.* Lorsque l'on passe de l'accord de 9me à l'accord parfait du ton, l'on doit faire descendre d'une seconde la 7me et la 9me; faire monter d'une 2de la tierce, et monter ou descendre d'une 2de la quinte; cela s'applique soit à la mélodie, soit à l'harmonie.

À la fin de chaque phrase on doit aussi dans l'accompagnement faire entendre à la basse la note fondamentale de l'accord que l'on veut produire. Et en terminant le morceau faire entendre à la basse, dans la mesure qui précède, la note fondamentale de l'accord de 9me. Le but de cette règle est de faire entendre une sorte de repos *(appelé césure)* lequel est exigé afin d'établir une cadence comme dans la versification, repos qui fait distinguer chaque phrase musicale.

On s'exercera à faire des exemples comme ci-dessus dans tous les tons en se servant des deux tableaux suivants pour les accords fondamentaux, et pour les traits rythmiques des différentes mesures.

# TABLEAU N.º 1.

## TONS MAJEURS.

## TONS MINEURS.



# TABLEAU N.º 2.

### TRAITS RYTHMIQUES LES PLUS USITÉS DANS LES DIFFÉRENTES MESURES.



Par les combinaisons qui précèdent on pourra soi-même en trouver d'autres, et même celles pour la mesure à $\frac{9}{8}$ à 4 temps et à $\frac{12}{8}$

---

*Nota N.º 1.* L'accord parfait est mineur dans les tons mineurs, et il est majeur dans les tons majeurs. Lorsque la première tierce est mineure et que la 2.me tierce est majeure l'on a un accord parfait mineur. — Quand la première tierce est majeure, tandis que la 2.me tierce est mineure l'on a un accord parfait majeur.

*Nota N.º 2.* Les artistes, et les professeurs d'harmonie remarqueront, que par notre accord de 9.me qui est majeur lorsque la dernière tierce est majeure; et qui est mineur lorsque la dernière tierce est mineure, nous simplifions de beaucoup l'étude de la composition musicale. Nous réduisons sous un seul point de vue les mille détails de la formation des différents accords que l'on trouve dans tous les traités d'harmonie, et nous croyons avoir raison; en effet, dans l'accord de 9.me nous trouvons l'accord de quinte diminuée, de 7.me dominante, de 7.me diminuée, de 7.me sensible: Même l'accord de sixte augmentée n'est qu'un accord de 7.me dominante, dont la 7.me se change en sixte augmentée. Les accords de 7.me de 2.me et de 4.e espèces nous ne les traitons pas comme accords, mais simplement comme des retards, ainsi que nous le verrons. L'étude de la composition musicale, en commençant par la création de la mélodie et par son accompagnem.t, nous dispense ainsi d'une foule de détails qu'il faudrait donner dès le début si l'on voulait commencer les leçons par la Basse chiffrée que nous ne donnons qu'à la fin du Cours; c'est ainsi que la composition musicale, qui jusqu'à présent est restée une science abstraite, ardue et cachée va se montrer au grand jour et à la portée de tout le monde.

# DÉVELOPPEMENT DE LA PREMIÈRE LEÇON.

Pour travailler avec fruit, et trouver de la variété dans les moyens que nous proposons ci-dessus, nous allons donner un thème qui servira de modèle pour en créer de semblables, et que l'on résoudra de la même manière.

MARCHE, *Mesure* ¢ *Ré majeur, Ton principal.*

*Première reprise.* Faire huit mesures. — Rythme à suivre :

Les numéros au dessus 5, 6, 7, 8, indiquent qu'à la 5.me 6.me 7.me et 8.me mesure on doit suivre le même rythme indiqué par les numéros 1, 2, 3, 4.

Employer l'accord parfait pour les trois premières mesures. — Employer l'accord de 9.me pour la 4.me et 5.me mesure. — Revenir à l'accord parfait à la 6.me mesure, suivre la règle donnée plus haut pour la 7.me et 8.me mesure.

*Deuxième reprise.* *Ton de La majeur.*

Faire huit mesures. — Rythme à suivre :

Commencer la première mesure par l'accord de 9.me et alterner avec l'accord parfait jusqu'à la fin. — (*Ici faire renvoi à la première reprise.*)

*Troisième reprise.* *Ton de Sol majeur.*

Faire huit mesures

Employer l'accord parfait pour les deux premières mesures. — Employer l'accord de 9.me pour la 3.me mesure. — Faire l'accord parfait à la 4.me 5.me et 6.me mesure: Pour la 7.me et 8.me mesure employer l'accord de 9.me suivi de l'accord parfait selon la règle donnée plus haut pour la fin d'une reprise.

Pour l'accompagnement suivre le rythme suivant pour les deux premières reprises.

Toutes les fois que l'on à l'accord parfait faire :

Lorsque l'on à l'accord de 9.me faire :

Pour la 3.me reprise, et pour l'accord parfait faire :

Pour l'accord de 9.me faire :

## RÉSOLUTION DU THÈME CI-DESSUS. PREMIER CANEVAS.

Après avoir ainsi disposé le morceau selon le thème ci-dessus, la Marche est presque toute faite; il ne reste qu'à combiner à la première portée avec le rythme donné, les notes de l'accord que l'on a dans chaque mesure; il en est de même pour l'accompagnement, et voici comment nous avons procédé.

Résultat définitif en supprimant la 3.me portée qui nous a servi de guide.

## RÈGLE GÉNÉRALE.

1º Les commençants, dans la formation d'une phrase mélodique, ne doivent pas dépasser l'intervalle d'8.ve d'une note à une autre, nous les engageons même à ne pas dépasser la même 8.ve On doit écrire selon l'étendue de la voix ou de l'instrument pour lequel on compose.

2º La Basse en frappant un nouvel accord, ne doit pas faire la même note que la mélodie ou que celle de la partie supérieure de l'accompagnemet, il y a exception pour la fondamentale et la quinte des deux accords fondament.aux

3º Dans l'accompagnement ou dans une suite d'accords on ne doit pas doubler la tierce, la 7.me et la 9.me de l'accord de 9.me — Il en est de même entre la mélodie et la Basse lorsqu'il s'opère un changement d'accord.

4º A l'accord de 9.me on retranche ou sa fondamentale ou sa 9.me en composant une phrase dans un ton mineur, et sa 9.me en composant dans un ton majeur; nous verrons à la 6.me leçon l'emploi de l'accord de 9.me avec sa dernière tierce majeure, en composant dans un ton majeur. — Généralement la 9.me se place dans la mélodie.

5º Lorsqu'il n'y a pas changement d'accord, la 7.me et la 9.me placées à la mélodie doivent descendre sur des notes du même accord, à moins qu'on veuille les prolonger; cependant la 7.me peut monter sur la quinte et la 9.me du même accord.

6º Pour passer de l'accord parfait à l'accord de 9.me il faut que chaque note aille sur celle qui lui est le plus proche; mais si elle est contenue dans l'accord suivant, elle reste en place.

7º Pour passer de l'accord de 9.me à l'accord parfait on suivra ce qui a été dit plus haut; mais en tous cas, si la 9.me n'est point supprimée, la quinte doit monter d'une seconde.

8º On pourra mettre à la Basse telle note que l'on voudra, excepté la 9.me, lorsque la fond.le n'est point supprimée.

9º Dans ce dernier cas, la 9.me ne doit jamais se trouver au dessous de la note fond.le, ni à l'intervalle de seconde.

10º La Basse peut aller d'une fondamentale à l'autre surtout aux deux dernières mesures de la période; ainsi que nous l'avons dit.

# DEUXIÈME LEÇON.

## DES NOTES ÉTRANGÈRES.

C'est en employant les notes étrangères que l'on arrive à donner une grande variété aux Compositions musicales. On appelle notes-étrangères toutes celles qui ne se trouvent pas dans l'accord que l'on fait entendre. Ainsi dans l'accord parfait *do*, *mi*, *sol* toutes les notes qui ne sont pas *do*, *mi*, *sol* seront des notes étrangères. Dans l'accord de 9<sup>me</sup> du ton de *do*, toutes les notes qui ne sont pas *sol*, *si*, *ré*, *fa*, *la* ♭ seront des notes étrangères; celles-ci sont de deux espèces :— **1<sup>mo</sup>** Celles qui sont de la gamme à laquelle appartient l'accord; **2<sup>do</sup>** Celles qui ne sont pas de la gamme; ainsi les notes étrangères à la gamme de *do majeur* seraient *do* ♭, *do* ♯, *ré* ♭, *ré* ♯, *mi* ♭, *mi* ♯, *fa* ♭, *fa* ♯, *sol* ♭, *sol* ♯, *la* ♭, *la* ♯, *si* ♭, *si* ♯.

Chaque note de l'accord parfait, ou de l'accord de 9<sup>me</sup> d'un ton est entourée au dessus et au dessous d'elle à la distance d'une 2<sup>de</sup> majeure (*un ton*) ou d'une 2<sup>de</sup> mineure (*un demi-ton*) ou à l'intervalle chromatique (*demi ton*) est entourée, disons-nous, de notes étrangères qui sont ou de la gamme, ou é_trangères à la gamme.

Prenons par exemple l'accord parfait *do*, *mi*, *sol*. La note *do* est entourée de *si* en descendant d'u_ne 2<sup>de</sup> mineure, et elle est entourée de *ré* en montant d'une 2<sup>de</sup> majeure; le *si* et le *ré* sont des notes de la gamme de *do majeur*. Il en est de même pour les notes *mi* et *sol* de l'accord parfait ci-dessus, ainsi que pour les notes de l'accord de 9<sup>me</sup>.

Les notes de l'accord parfait *do*, *mi*, *sol* sont entourées de notes étrangères à la gamme; par ex_emple la note *mi* est entourée de *ré* ♯, si l'on descend d'une seconde mineure; la note *sol* est en_tourée de *la* ♭ si l'on monte d'une seconde mineure, et de la note *fa* ♯, si l'on descend d'une seconde mineure; la note *mi* est entourée de *mi* ♭, si l'on descend par intervalle chromatique; la note *sol* est entourée de *sol* ♯ si l'on monte par le même intervalle. Il en est de même pour les notes de l'accord de 9<sup>me</sup>. Or pour varier mécaniquement la mélodie, l'on peut entourer de *notes étrangères* chaque no_te de l'accord en observant, pour le moment, les règles suivantes.

**1<sup>mo</sup>** Après avoir placé une ou plusieurs notes étrangères qui se suivraient, on doit faire en sorte que la dernière note étrangère ne se trouve jamais à la distance plus grande que celle de seconde avec la première note suivante de l'accord.

**2<sup>do</sup>** Deux ou plusieurs notes étrangères qui se suivent, doivent se trouver entr'elles à la dis_tance de seconde, ou à l'intervalle chromatique; elles peuvent se trouver à un intervalle plus grand que celui de seconde, mais alors il faut qu'elles soient; 1° de moindre valeur que les notes de l'accord. 2<sup>do</sup> Que le mouvement de la mesure soit vif. 3° Qu'elles se trouvent au temps faible de la mesure, ou à la partie faible du temps fort.

Généralement lorsque les notes de l'accord sont des croches, doubles, triples etc, etc, les notes étrangères doivent avoir ou égale ou moindre valeur. Lorsque les notes de l'accord sont des noires auxquelles on veut intercaler des notes étrangères en noires, celles-ci doivent être placées au temps faible de la mesure, pourvu que le mouvement ne soit pas lent.

## THÈME À RÉSOUDRE.

Mesure à trois temps.— Allegro.— Ton de Do majeur.— Période de **8** mesures.

*NOTA.* Les notes marquées par une croix dans le rythme suivant seront des notes étrangères. —

Faire l'accord parfait aux premières trois mesures, et l'accord de 9me pour les autres. — Rythme à suivre :

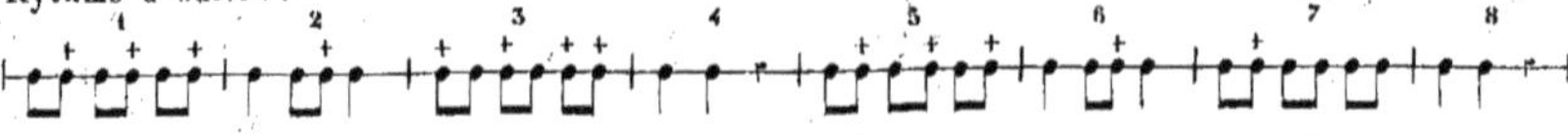

## RÉSOLUTION DU THÊME.

Nous avons marqué d'une croix toutes les notes étrangères ; c'est ainsi que l'on doit faire pour résoudre d'autres thêmes semblables que l'on fera soi-même avant de passer à la 3me leçon. En supprimant la 3me portée, les croix ; et l'accompagnement ci-dessus, on pourra commencer à se rendre compte de la mélodie isolément afin d'arriver à en trouver l'accompagnement ou l'harmonie à l'exemple ci-dessus ou à d'autres semblables. Supposons que l'on ait à trouver l'accompagnement ou l'harmonie à la mélodie suivante dans le ton de *do majeur*.

Il est facile de trouver l'accompagnement à un exemple semblable, car ici les notes étrangères sont bien évidentes ; mais pour ce thême, ainsi que pour d'autres du même genre sur lesquels on pourra s'exercer, on doit procéder de la manière suivante :


A la 3me portée on placera, ainsi que nous l'avons fait, les notes de l'accord dont la mélodie se compose, soit celles de l'accord parfait, soit celles de l'accord de 9me du ton. On sait que les notes d'un accord marchent toujours entr'elles par sauts de tierce, quarte, quinte, etc, etc. On marquera par des croix, les notes qui pourront être considérées comme étrangères. A la 2me portée et pour accompagnement on donnera un rythme aux notes de l'accord. Dans la première mesure nous supposons que l'accord *do, mi, sol* puisse convenir aux notes de la mélodie ; en effet nous voyons que les notes *mi* et *do* peuvent être entourées de la note étrangère *ré* : d'ailleurs *mi* et *do* aux 2me et 3me temps de la mesure marchent par intervalle de tierce ; et nous savons par la règle donnée plus haut, que toutes les notes étrangères doivent presque toujours marcher par intervalle de seconde ou par intervalle chromatique ; on fera le même raisonnement pour les autres mesures.

## AUTRE THÊME À RÉSOUDRE.

Moderato. — Mesure à quatre temps. — Huit mesures. — Rythme à suivre.

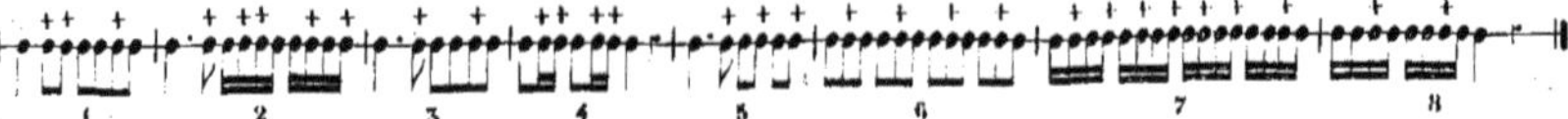

Ton de Do majeur.—Alterner avec l'accord parfait, et avec l'accord de 9ᵐᵉ pour les quatre premières mesures.—Faire l'accord parfait à la 5ᵐᵉ et 6ᵐᵉ mesure.—L'accord de 9ᵐᵉ à la 7ᵐᵉ mesure, et l'accord parfait à la 8ᵐᵉ. Les notes marquées d'une croix dans le rythme ci-dessus seront des notes étrangères.

## RÉSOLUTION DU THÈME.

On doit remarquer qu'à la première et à la 4ᵐᵉ mesures nous employons des notes étrangères se trouvant entr'elles à la distance de tierce, mais cela peut se faire parcequ'à la première mesure elles se trouvent au temps faible et à la 4ᵐᵉ elles se trouvent à la partie faible du premier temps fort, ainsi qu'au temps faible, qui est le 2ᵐᵉ. Toutes les autres notes étrangères marchent ou par intervalle chromatique ou par intervalle de seconde majeure, ou mineure soit entr'elles soit sur la note suivante de l'accord ; on remarque aussi qu'elles ont ou moindre ou égale valeur des notes de l'accord lesquelles sont presque toutes des croches ou des doubles croches.

*NOTA.* Les notes étrangères peuvent avoir une plus grande valeur que les notes de l'accord, mais seulement dans certains cas que nous verrons plus loin.

On ne doit pas répéter deux ou plusieurs fois de suite une note étrangère de la même dénomination comme *do do, ré ré* etc, à moins que les notes aient une petite valeur et que le mouvement soit vif.

On ne doit pas, par un signe accidentel, désigner une note qui serait contenue dans la gamme; par exemple dans la gamme de *do majeur* on ne doit pas désigner le *si* par *do* ♭, parceque le *si* est une note qui existe naturellement dans la gamme. Il en serait de même si l'on voulait désigner le *fa* par *mi* ♯.

On ne doit pas non plus écrire par exemple:     On doit écrire:     Car généralement les notes bémolisées tendent à descendre, et les notes diésées tendent à monter, à moins que l'on fasse des gammes chromatiques ou dans les tons bémolisés, ou dans les tons diésés.

Lorsque, dans la mélodie, on emploie comme note étrangère la 9ᵐᵉ majeure de l'accord de 9ᵐᵉ cette dernière doit être supprimée dans la portée du *Guide* ; ainsi à la 2ᵐᵉ, et à la 7ᵐᵉ mesures du dernier thème ci-dessus nous avons supprimé le *la* ♭ dans l'accord de 9ᵐᵉ, parceque dans la mélodie il y a le *la* naturel, qui est une 9ᵐᵉ majeure dans l'accord de 9ᵐᵉ ; il est à remarquer que cette note peut, par exception, se trouver à la distance de tierce en descendant sur la note suivante de l'accord de 9ᵐᵉ, parceque, dans ce cas, on peut la considérer comme faisant partie de l'accord, ainsi que nous le verrons en parlant de la 9ᵐᵉ majeure.

*(Voir le développement de la même leçon sur les notes étrangères.)*

# DÉVELOPPEMENT DE LA DEUXIÈME LEÇON.

Par exception, une note étrangère peut avoir une plus grande valeur qu'une note de l'accord. Dans ce cas la note étrangère se trouve au temps fort de la mesure et elle est devant une note de l'accord à l'intervalle de seconde mineure, ou majeure au dessus, ou à l'intervalle de seconde mineure au dessous. Exemple en *do majeur*.

Aux trois premières mesures, les notes étrangères se trouvent au dessus de chaque note de l'accord et à la phrase conséquente, elles se trouvent au dessous. Généralement, ce genre de notes étrangères prend la forme de noires pointées dans la mesure à quatre temps, ou de blanches pointées lorsque le mouvement est très vif; ces notes étrangères prennent aussi la forme de blanches dans la mesure à trois temps et de noires dans la mesure à $\frac{6}{8}$, ainsi qu'on peut le voir aux deux exemples suivants ou nous réduisons l'exemple ci-dessus dans la mesure à $\frac{6}{8}$ et dans celle à $\frac{3}{4}$.

Dans tous les cas ci-dessus chaque note étrangère pourrait même, par un silence, être séparée de la note de l'accord qui suit. Voici les mêmes exemples arrangés de cette manière, mais nous supprimons la portée du *guide*.

Par exception, une note étrangère peut se trouver à un intervalle plus grand que celui de seconde avec la note suivante de l'accord, lorsque cette note étrangère est contenue dans l'accord qui suit immédiatement, pourvu qu'elle ait une très petite valeur. Exemp:

Voici un tableau qui résume bien des cas exceptionnels sur la manière de traiter les notes étrangères, et qui servira de guide pour bien les employer ou pour les reconnaître lorsqu'on a une mélodie à laquelle on veut faire un accompagnement. Dans ce tableau, nous supprimons la portée du *guide*, mais, par les notes en accord, on verra la marche des notes étrangères.

Notes étrangères faites simultanément par plusieurs parties en forme de gamme.

Notes étrangères dans une seule partie.

# TROISIÈME LEÇON.

## DES MODULATIONS.

Il y a trois espèces de modulations; **1.º** *La modulation naturelle;* **2.º** *La modulation aux tons relatifs;* **3.º** *La modulation aux tons non relatifs.*

On fait *modulation naturelle* lorsqu'on ne se sert que des deux accords fondamentaux d'un ton pendant toute une période musicale se composant de huit mesures, ainsi que nous l'avons vu jusqu'à présent. — Pour don_ ner de la variété, on peut moduler aux tons relatifs du ton principal de la période. — On appelle *ton principal de la période*, le ton que l'on choisit pour commencer un morceau se composant de la phrase antécédente et de sa phrase conséquente, ce qui constitue la première période musicale.

On appelle *tons relatifs* tous ceux qui ne diffèrent du ton principal que d'un signe accidentel de plus ou de moins à la clef, ou ceux dont l'armure ou la tonique est la même que celle du ton principal. — Chaque ton ma_ jeur ou mineur possède six tons relatifs. — Pour trouver les relatifs à un ton majeur donné, l'on pose les pre_ mières six notes de la gamme de ce ton majeur, et sur chacune d'elles on fait la succession de deux tierces en montant; il en résultera autant d'accords parfaits qui indiqueront les tons relatifs; on aura soin de baisser d'un demi-ton la première tierce qui se trouve sur la première note de la gamme.

Exemple pour trouver les six tons relatifs à Do majeur.

On remarque; **1.º** Que les trois premiers tons sont mineurs; **2.º** Que sur le 4.me et sur le 5.me degrés de la gamme on a des tons majeurs; **3.º** Que sur le 6.me degré on a un ton mineur. Il en est de même pour trouver les six tons relatifs d'un ton majeur donné. Nous donnons plus loin la manière de trouver les six tons relatifs d'un ton mineur donné: En attendant voici un tableau qui contient les deux accords fondamentaux de chacun des six tons relatifs d'un ton majeur donné.

Ou pourra soi-même trouver les six tons relatifs de *mi majeur, si majeur, fa ♯ majeur*, ainsi que de *la♭, ré♭, sol♭*. — Or pour moduler dans les tons relatifs du ton principal de la période, au moyen de leurs deux ac_cords fondamentaux, il faut faire en sorte, que l'accord parfait du ton relatif dans lequel on va, se trouve généra_lement à la fin de la phrase antécédente, ou conséquente, à moins que l'on module à l'accord parfait du 2me ou du 4me dégré, ainsi que nous le verrons par les exemples qui vont suivre. D'ailleurs chaque ton relatif possède une nuance particulière. C'est pour cela que l'on doit adopter pour chacune une manière différente dans la chute des phrases de la période, ainsi que nous le verrons; Mais dans tous les cas et pour toute espèce de modulation, on doit observer la règle suivante d'harmonie, afin que les notes de l'accord que l'on quitte, aillent sur les no_tes de l'accord suivant de manière à former une succession harmonieuse et correcte.

### RÈGLE D'HARMONIE.

Ou doit observer ce qui suit, lorsque toutes les parties en quittant l'accord d'un ton frappent simultanément un nouvel accord, appartenant à un ton différent de celui qui précède; dans ce cas, généralement, on retranche ou la 9me ou la note fond.le d'un accord de 9me. Les trois 1res règles suivantes sont applicables également à la marche des notes de la mélodie.

1º. Lorsqu'une partie quitte la quinte de l'accord qui précède pour aller sur la quinte de l'accord suivant, une par_tie au dessous ne doit pas aller d'une note fond.le à l'autre de l'accord qui suit; mais si une partie ne fait pas la quinte de l'accord qu'elle quitte, dans ce cas elle pourra aller sur la quinte de l'accord suivant; pourvu que la partie au dessous aille d'une note fond.le à l'autre en sens contraire de la partie au dessus. — Cette règle n'est pas ap_plicable lorsque la partie, qui fait la quinte de l'accord qui précède, reste en place dans l'accord suivant ou elle serait contenue. — Il y a quelques exceptions à cette règle que l'usage pourra faire connaitre; mais il vaut mieux la suivre autant que possible, surtout lorsqu'on commence à composer.

2º. Deux parties, en quittant un accord dans lequel elles feraient la même note, ne doivent pas dans l'accord suivant doubler de nouveau une note qui ne serait pas la même que celle de l'accord précédant; mais, deux par_ties qui dans l'accord qu'elles quittent ne feraient pas la même note, pourront tomber toutes les deux sur la mê_me note d'un accord suivant pourvu qu'elles y marchent en sens contraire. Il y a exception lorsqu'on veut faire une suite d'8ves.

3º. Dans l'accord qui précède, deux parties ne doivent pas doubler une note, qui, dans l'accord suivant, serait altérée par un signe accidentel; cependant elles pourront la doubler si l'une des deux monte ou descend par un demi degré. Hors ces deux cas, l'altération doit être faite par la partie qui fait la note non altérée.

4º. Chaque partie doit aller sur une note de l'accord suivant, ou chromatiquement ou par intervalle de seconde, ou bien rester en place si la note y est contenue; cependant la Basse, partie la plus grave de l'accord, est beaucoup plus libre dans sa marche; toutefois elle doit suivre les trois règles ci-dessus; on doit également, suivre notre règle générale de la 1re leçon, et ce que nous y avons dit, soit pour finir une période, soit pour la marche des notes de l'accord de 9me sur celles de l'accord parfait du même ton auquel appartient l'accord de 9me qui précède.

*NOTA*. Avant d'attaquer un accord, on peut changer de position les notes de celui qui précède; mais alors on y intercalle des notes étrangères afin d'arriver au changement de position par intervalle de seconde, pour que les notes de l'accord ne fassent point des sauts de tierce, quarte, etc, surtout pour les voix.

# EXEMPLES DE MODULATIONS AUX SIX TONS RELATIFS.

## Modulation au 1er. degré. Ton principal Do majeur.

On peut moduler sans aucun obstacle par exemple de *do maj:* en *do min:*, et vice versâ par leurs ac_
cords fondamentaux dans n'importe quelle mesure que ce soit de la phrase antécédente ou conséquente.

## Modulation au 2me degré.

A l'accord parfait du ton principal on peut faire succéder l'accord parfait du 2me degré; on don_
nera un rythme à l'accompagnement ci-dessous et l'on composera une mélodie. Du reste, pour tous les exemples qui vont suivre, on agira de la même manière, en prenant pour modèle le thème que nous donnons plus
loin.

## Modulation au 2me degré par son accord de 9me

On voit par ces deux exemples la place que les deux accords fondamentaux du 2me degré doivent occuper
dans la phrase antécédente et conséquente. On fera de même lorsqu'on voudra composer des exemp: semblables en
adoptant un ton principal quelconque. On doit aussi s'exercer à examiner dans les exemples ci-dessus et dans
ceux qui vont suivre, comment nous faisons pour nous conformer à la règle d'harmonie donnée plus haut sur les
changements des accords fondamentaux.

## Modulation au 3me degré.

Après l'accord parfait du ton principal on peut attaquer l'accord de 9me du 3me degré. On fait cette modulation à la fin
d'une phrase conséquente; dans ce cas il sera bien de commencer la phrase suivante par l'accord de 9me du ton principal.

Au 2.<sup>me</sup> exemple on remarque que nous faisons même deux modulations dans la même période; c'est-à-dire que nous modulons au 2.<sup>me</sup> degré à la fin de la phrase antécédente et que nous modulons au 3.<sup>me</sup> degré à la fin de la phrase conséquente. Cela peut se faire.

### Modulation au 4.<sup>me</sup> degré.

Après l'accord parfait du ton principal on peut attaquer l'accord parfait ou l'accord de 9.<sup>me</sup> du 4.<sup>me</sup> degré; cette modulation se fait dans la phrase antécédente, ou dans la conséquente; on peut même commencer la période par la modulation au 4.<sup>me</sup> degré, mais on ne doit pas finir la période par l'accord parfait du 4.<sup>me</sup> degré. On remarquera dans l'exemple qui suit, la place que cette modulation doit occuper pour la composition des deux phrases.

### Modulation au 5.<sup>me</sup> degré.

On fait cette modulation principalement dans la phrase conséquente, soit pendant toute la phrase, soit seulement à la fin. On peut faire également cette modulation au commencement de la phrase antécédente d'une nouvelle période qui suit. Or, après l'accord parfait du ton principal, on peut attaquer l'accord de 9.<sup>me</sup> du 5.<sup>me</sup> degré.

On voit au 2.<sup>me</sup> exemple que dans la phrase conséquente nous avons même modulé au 4.<sup>me</sup> degré ainsi qu'au 5.<sup>me</sup> pour finir la phrase; mais cette période doit être suivie d'une autre qui commencerait par l'accord de 9.<sup>me</sup> du ton principal.

## Modulation au 6.me degré.

On peut faire modulation au 6.me degré, soit dans la phrase antécédente, soit dans la phrase conséquente, et même à la fin de cette dernière, pourvu qu'au commencement d'une période suivante on revienne au ton princi_ pal par son accord de 9.me; à moins que l'on veuille attaquer une nouvelle modulation. Or après l'accord parfait du ton principal on peut attaquer l'accord de 9.me du 6.me degré suivi de son accord parfait. Exemple:

On se tracera des thêmes semblables à celui que nous allons donner, et l'on fera de même pour chaque gen_ re de modulation aux tons relatifs de chaque degré. Ensuite on supprimera, après la résolution des thêmes, la por_ tée qui sert de *guide*, ainsi que l'accompagnement afin d'examiner la marche de la mélodie lorsqu'elle modulé dans les tons relatifs, et afin de s'habituer à en trouver l'harmonie ou l'accompagnement.

### THÊME À RÉSOUDRE.

*Sol majeur*, ton principal. Mesure à $\frac{6}{8}$. — *Andante sostenuto*. — Deux périodes, dont chacune se compo_ sera de huit mesures. — Rythme à suivre pour la première période; les croix seront des notes étrangères.

Pour les deux premières mesures faire l'accord parfait; à la 3.me mesure faire l'accord de 9.me; accord parfait à la 4.me mesure; répéter les deux premières mesures à la 5.me et 6.me mesure; à la 7.me mesure prendre l'accord de 9.me du 3.me degré; à la 8.me mesure faire l'accord parfait du 3.me degré.

*Deuxième période.*
Rythme à suivre:

A la première mesure accord de 9.me du ton principal suivi de son accord parfait à la 2.me mesure; à la 3.me, accord de 9.me du 5.me degré suivi de son accord parfait à la 4.me mesure; à la 5.me accord parfait du ton principal; à la 6.me mesure faire modulation à l'accord parfait du 4.me degré; à la 7.me et à la 8.me mesures revenir au ton prin_ pal par son accord de 9.me suivi de son accord parfait.

*Première période.*
Rythme d'accompagnement:

Faire de même pour les 4 autres mesures.

*Deuxième période.*
Rythme d'accompagnement:

Faire de même pour les 4 autres mesures.

### RÉSOLUTION DU THÊME. PREMIÈRE DISPOSITION.

On doit d'abord établir la portée du *guide* dont les notes seront arrangées en rondes et en accords à la portée au dessus en suivant la règle d'harmonie donnée plus haut. Exemple:

Après cette disposition on procèdera à la composition de la mélodie selon le rythme donné.

*NOTA*. Lorsqu'il y a changement d'accord on ne doit pas mettre à la mélodie la même note que la basse si cette dernière ne fait pas la note fondamentale de l'accord ; mais dès que le changement d'accord a eu lieu on pourra donner à la mélodie les notes que l'on voudra.

Reproduction de l'exemple ci-dessus avec la mélodie.

Après cela on procède à l'accompagnement de la mélodie, en donnant à l'harmonie ci-dessus le rythme indiqué dans le thème, en conservant la même disposition des notes que l'on a dans chaque mesure à la 2ᵐᵉ portée, soit pour le placement de la note la plus grave, soit pour celles qui sont au dessus. Exemple :

On voit qu'en confrontant la 3ᵐᵉ portée avec la 2ᵈᵉ, dans celle-ci nous avons conservé toutes les notes à la même place que celle où elles se trouvent à la 3ᵐᵉ portée. On fera de même pour tous les thèmes que l'on aura à résoudre ou pour les mélodies auxquelles on aura à faire l'accompagnement.

# TONS RELATIFS À UN TON MINEUR.

Pour trouver les six tons relatifs d'un ton mineur donné on pose six notes de la gamme du ton en supprimant la 2me note de la gamme, c'est à dire que l'on pose la 1re 3me 4me 5me 6me et 7me Sur chacune d'elles on fait la succession de deux tierces en montant, et l'on hausse d'un demi-ton la première tierce que l'on a sur la première note de la gamme. Il en résultera autant d'accords parfaits indiquant les tons relatifs.

Exemple pour trouver les six tons relatifs de *la* mineur.

On remarque que sur les 1er 3me 6me et 7me degrés de la gamme l'on a des tons majeurs, et que sur le 4me et sur le 5me degrés l'on a des tons mineurs. Voici un tableau contenant les deux accords fondamentaux de chacun des six tons relatifs d'un ton mineur donné.

Il en est de même pour les tons mineurs de *do* ♯, *sol* ♯, *ré* ♯, et pour les tons de *fa*, *si* ♭, *mi* ♭.

Pour les modulations aux deux accords fondamentaux de chacun des six tons relatifs, nous adopterons *la mineur* pour ton principal.

### Modulation au 1.ᵉʳ degré.

Pour cette modulation on peut suivre ce qui a été dit pour un ton principal majeur en modulant au premier degré.

### Modulation au 3.ᵐᵉ degré.

Après l'accord parfait du ton principal, on peut attaquer l'accord de 9ᵐᵉ du 3ᵐᵉ degré suivi de son accord parfait; on peut placer cette modulation à la fin d'une phrase antécédente ou conséquente ou au commencement d'une nouvelle période.

### Modulation au 4.ᵐᵉ degré.

Après l'accord parfait du ton principal, on peut attaquer l'accord parfait du 4ᵐᵉ degré. Cette modulation se place au milieu ou au commencement de la phrase antécédente ou conséquente. Exemple:

### Modulation au 4.ᵐᵉ degré par l'accord de 9ᵐᵉ

Après l'accord parfait du ton principal, on peut attaquer l'accord de 9ᵐᵉ du 4ᵐᵉ degré suivi de son accord parfait. Cette modulation se place à la fin de la phrase antécédente, ou au commencement de la phrase conséquente. On peut commencer une nouvelle période par cette modulation, et revenir ensuite au ton principal.

## Modulation au 5.<sup>me</sup> degré.

Après l'accord parfait du ton principal on peut faire suivre l'accord de 9.<sup>me</sup> du 5.<sup>me</sup> degré et son accord parfait. On place cette modulation à la fin d'une phrase conséquente, ou au commencement d'une
nouvelle période; cette modulation demande une nouvelle période.

## Modulation au 6.<sup>me</sup> degré.

Cette modulation est placée à la fin de la phrase antécédente, ou dès le début de la phrase conséquente.

## Modulation au 7.<sup>me</sup> degré.

On place cette modulation à la fin de la phrase conséquente, ou au commencement d'une nouvelle pério_
de. Cette modulation laisse en suspens le sens musical, et elle demande une nouvelle période.

### OBSERVATIONS.

On peut faire plusieurs périodes de suite, et changer de temps en temps de ton principal pour la
composition des périodes, mais, dans ce cas, le nouveau ton principal qui suit doit être généralement
un des tons relatifs de celui par lequel on commence un morceau de musique, dans lequel le premier
ton principal doit dominer. La règle générale est qu'après avoir modulé dans des tons relatifs, on doit

revenir souvent au ton principal du morceau par son accord de 9.<sup>me</sup> suivi de son accord parfait.

On fera des thêmes pour chaque espèce de modulation en prenant pour modèle le thême que nous a_ vons donné plus haut en parlant des tons relatifs d'un ton majeur.

On pourra aussi doubler ou réduire de moitié notre période musicale de huit mesures. Nous allons ré_ duire de moitié un de nos exemples ci-dessus sur la modulation au 4.<sup>me</sup> degré page 15.

### RÉDUCTION.

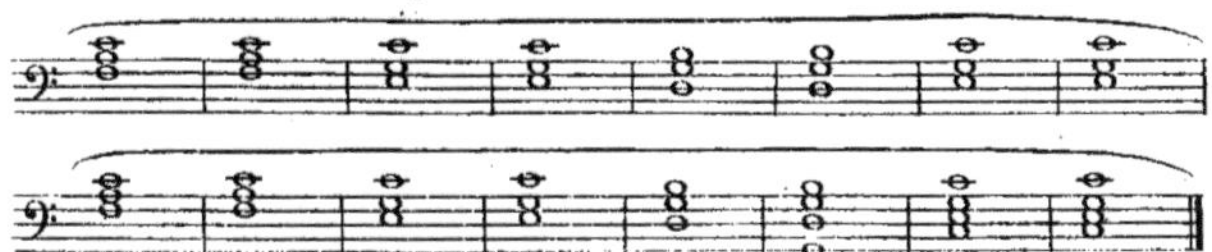

On voit, par cet exemple, que nous avons réduit à quatre mesures notre période de huit; ainsi la phrase antécédente se compose de deux mesures; mais comme la modulation au 4.<sup>me</sup> degré est bien placée on dis_ tingue parfaitement les deux phrases; il en est de même pour toutes les autres modulations que nous avons données; maintenant nous allons doubler le même exemple, dont la période va se composer de 16 mesures; On distinguera également les deux phrases, parceque la modulation au 4.<sup>me</sup> degré se trouve bien placée dans la période de huit mesures. Exemple :

A l'exemple ci-dessus nous allons donner un rythme à l'accompagnement, et composer de la mélodie. On fera de même pour les autres exemples de cette 3.<sup>me</sup> leçon ou pour d'autres semblables.

# QUATRIÈME LEÇON.

## DE LA VARIÉTÉ DANS LES PARTIES D'ACCOMPAGNEMENT.

On peut varier une partie en lui faisant dessiner ce qu'on appelle des *batteries*, des *arpèges*, des *accords brisés* etc, etc; c'est-à-dire qu'une partie peut faire les notes d'un accord ayant une forme mélodique et un rythme uniforme. —— A cet effet, il n'y a qu'a donner à une partie, les notes de l'accord que l'on a dans la mesure à la portée du *guide*; mais, pour que la marche des notes soit correcte, on donnera celles qui auront été disposées en harmonie et en rondes à la portée au dessus du *guide*. Exemple:

Pour traiter cet exemple, nous avons pris celui des modulations de *do majeur* au 2ᵐᵉ degré. A la portée du 1ᵉʳ *guide* nous marquons, par des croix, les notes que nous retranchons de l'accord de 9ᵐᵉ. C'est ainsi que nous ferons pour l'avenir.

A la portée du 2ᵐᵉ *guide* nous mettons en harmonie ou en accord et par des rondes les notes du 1ᵉʳ *guide*, tout en observant la règle d'harmonie donnée dans la précédente leçon; ensuite, nous avons formé les batteries, en nous conformant à l'arrangement que nous avons fait à la portée du 2ᵐᵉ *guide* et en suivant la règle ci-contre.

RÈGLE. Dans les batteries on doit éviter, autant que possible, de frapper la mesure par la même note que la basse, mais dès que celle-ci a frappé la mesure, la partie qui fait les batteries pourra faire cette note.

D'après cette règle et à la 5ᵐᵉ 6ᵐᵉ et 7ᵐᵉ mesure, nous commençons la mesure par la même note que la basse du 2ᵐᵉ *guide*, parceque celle-ci frappe la mesure, tandis que la partie ne commence qu'après la basse. On remarque que les notes de la batterie conservent la même marche que celle des notes du 2ᵐᵉ *guide*, en effet, le *fa* du 2ᵐᵉ *guide* va sur le *mi* de la mesure suivante; le *la* va sur le *sol* et le *ré* va sur le *do*; or, dans la batterie, nous faisons de même; ainsi, du *la* nous en faisons un *sol* à la mesure suivante; du *fa* nous faisons un *mi* et du *ré* nous faisons un *do* dans la mesure suivante, ce qui nous a produit *sol, do, mi, do, mi, do*; C'est ainsi que nous avons formé les batteries des autres mesures, en leur donnant un rythme de six croches, pour les premières quatre mesures et de cinq croches pour les autres.

Ensuite, nous avons composé une mélodie en adoptant le rythme suivant: ♪♪♪♪ et en arrangeant les notes du 1ᵉʳ *guide* avec des notes étrangères; nous avons donné un rythme uniforme et simple aux notes du 2ᵐᵉ *guide*, afin de produire l'accompagnement de basse avec trois parties qui complètent l'harmonie.

On fera des exemples semblables,en prenant pour modèle chaque exemple du chapitre précédent sur les modulations,et en donnant aux batteries des formes rythmiques différentes,selon le genre du mouvement et de la mesure.

*NOTA.* Pour nous conformer à la règle ci-dessus, nous faisons frapper la mesure à la batterie par la note au dessus de la basse dans les premières quatre mesures.

### DES NOTES ÉTRANGÈRES DANS DIFFÉRENTES PARTIES.

Deux notes étrangères peuvent être frappées simultanément par deux parties à la fois; mais,dans ce cas,les deux notes étrangères doivent se trouver entr'elles à l'intervalle de tierce ou de sixte. Dans ce cas,généralement,les deux parties font une suite de tierces ou de sixtes. Exemple:

Par les deux croix au dessus et au dessous,on remarque que les deux parties font simultanément des notes étrangères lesquelles se trouvent entr'elles,à l'intervalle de tierce aux deux premières mesures,et à l'intervalle de sixte aux deux dernières mesures.

Pour que les deux notes étrangères,frappées simultanément par deux parties à l'intervalle de tierce ou de sixte,soient bonnes sur l'accord que l'on fait entendre,il faut que ces notes puissent être considérées comme étrangères,en prenant séparément chaque partie. Généralement,lorsqu'une partie fait dans sa mélodie des notes étrangères, les autres parties doivent faire des notes de l'accord. Exemple à deux parties:

Pour cet exemple nous avons pris celui de la modulation de *do majeur* au 6me degré de la leçon précédente.On voit par les croix posées aux deux parties, que,tandis que l'une fait des notes étrangères,l'autre partie ne fait que des notes de l'accord. Cependant on remarque à la 2me mesure et au 2me temps que les deux parties font simultanément deux notes étrangères,mais ces notes se trouvent à l'intervalle de tierce, ce qui peut se faire.

On doit remarquer aussi que nous tenons à une certaine distance de l'autre partie,celle qui fait des notes étrangères; c'est ainsi que l'on doit toujours faire,lorsqu'on fait chanter deux parties à la fois par des notes étrangères.

On pourra arranger l'exemple ci-dessus comme celui dans lequel nous avons introduit des batteries,et l'on aura un morceau de musique à huit parties.

*NOTA*. En suivant ce que nous venons de dire, on pourra s'exercer à donner de temps en temps des phrases mélodiques à la basse, qui ferait aussi des notes étrangères. Exemple:

Dans cet exemple, il n'y a que la basse qui fait des notes étrangères pendant toute la période, la mélodie ne fait que des notes de l'accord, mais elle a aussi un rythme chantant. Si on avait voulu, on au _ rait pu alterner les notes étrangères aux deux parties, mais nous tenons à faire entrevoir que la basse peut aussi de temps en temps et, à son tour, faire une période mélodique entière avec des notes é_ trangères. On fera des thêmes dans le genre de celui que nous donnons à la 3ᵐᵉ leçon avec la dif_ férence que l'on ajoutera des batteries et tout ce que nous venons de dire dans cette leçon.

## DES IMITATIONS.

On peut donner beaucoup de variété aux différentes parties par un moyen que l'on appelle *imitation;* Ainsi une partie peut imiter le rythme d'une autre, soit pour la moitié de la mesure, soit pour tou_ te une mesure et même pour deux ou plusieurs mesures. Cette manière d'imiter le rythme peut se faire même en diminuant ou en doublant la valeur des notes d'une partie, ce qui produit un chan_ gement de rythme. Toutes ces espèces d'imitations peuvent se faire à l'unisson, à l'octave et à tou_ te espèce d'intervalle, soit simplement, soit par variations, soit en sens inverse des notes d'une par_ tie; mais, pour ces différents cas, nous supposerons que l'on soit toujours obligé, pour une mesure sui_ vante, à imiter la même phrase mélodique, ne se composant que d'une mesure, et que voici:

**TABLEAU**. Phrase à imiter. 

Imitation par variation que l'on pourra faire à l'unisson ou à l'8.ᵛᵉ inférieure ou supérieure.

N°. 1. 

On pourra appliquer toutes ces variations aux imitations suivantes à l'intervalle de *Seconde*, de *Tierce*, de *Quarte* et de *Quinte* et même on pourra trouver d'autres genres de variations.

On pourra varier chaque mesure de cette portée N°. 3. en appliquant les différents rythmes des N°. 1 et 2.

Imitations en sens inverse à l'unisson, à l'8ve et à tous les intervalles.

On pourra varier chaque mesure, en imitant les différents rythmes par variation.

Imitations en augmentant de moitié la valeur des notes des deux portées ci-dessus.

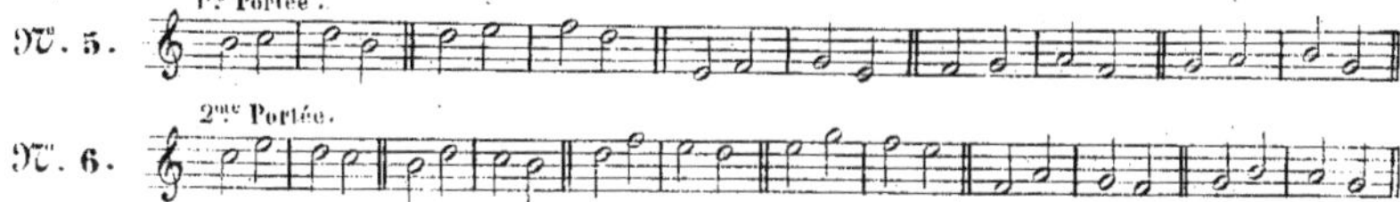


On pourra varier chaque mesure, en diminuant de moitié la valeur des notes des différents rythmes de l'imitation par variation ci-dessus.

Imitation en diminuant de moitié la phrase et la valeur des notes des portées N°. 3 et 4.

## OBSERVATIONS.

D'après les ressources que nous indiquons sur le tableau ci-dessus, nous croyons qu'il serait inutile de donner des exemples de thêmes à résoudre où l'on désignerait les différentes parties qui devraient faire entr'elles des imitations, soit en imitant la moitié de la mesure d'une partie, soit toute une mesure, soit deux, quatre ou huit mesures.

On pourra soi-même se tracer des thêmes dans le genre de celui de la 5me leçon, et y ajouter tout ce dont nous parlons dans ce chapitre. On composera d'abord des imitations à deux parties, puis à trois et à quatre. On choisira le genre d'imitations qui conviendra le mieux pour être en harmonie avec les notes de l'accord que l'on a dans la mesure, et pour que les notes étrangères, qu'on pourrait avoir dans l'imitation, puissent être considérées comme telles, selon les règles données.

# CINQUIÈME LEÇON.

## DE LA MODULATION AUX TONS NON RELATIFS.

Examinons les deux gammes suivantes 1°. de *do majeur*, 2°. de *do♯ majeur*. 1°. *do, ré, mi, fa, sol, la, si.* 2°. *do♯, ré♯, mi♯, fa♯, sol♯, la♯, si♯.* — Ces deux gammes n'ont aucune ressemblance; donc elles n'ont aucune relation. En comparant deux gammes quelconques on y trouvera plus ou moins de relation selon le nombre plus ou moins grand de notes communes qu'elles auront.

Cependant on peut lier deux tons non relatifs au moyen de deux accords de 9ᵐᵉ, dont le premier se lierait au ton que l'on quitte et le 2ᵈ à celui dans lequel on veut aller; mais il faut aussi qu'il existe une relation entre les deux accords de 9ᵐᵉ dont nous venons de parler. A cet effet, nous allons examiner le tableau suivant des accords de 9ᵐᵉ de chaque ton majeur et mineur.

## TABLEAU N°. 1.

En ôtant à chaque portée les notes fondamentales de chaque accord de 9ᵐᵉ, nous réduisons le tableau ci-dessus à sa plus simple expression, soit:

## TABLEAU N°. 2.

On remarque par les lignes interrompues les notes synonymes, comme par exemple: *sol♯* et *la♭*, qui expriment le même son. — Ainsi les quatre accords de 9ᵐᵉ (*moins leurs notes fondamentales.*) de chaque division du tableau ci-dessus ne font qu'un seul et même accord, donc les douze accords de 9ᵐᵉ ci-dessus se réduisent à trois, soit par exemple: *si, ré, fa, la♭,* du ton de *do*; *fa♯, la, do, mi♭,* du ton de *sol*; *do♯, mi, sol, si♭,* du ton de *ré*, moins leurs notes fondamentales; or *do, sol, ré,* sont des tons relatifs entr'eux, il en résulte qu'il y aura relation évidente entre tous les accords de 9ᵐᵉ du tableau ci-dessus, par conséquent on pourra lier deux accords de 9ᵐᵉ qui se suivraient et rapprocher ainsi deux tons qui ne seraient pas relatifs entr'eux. — Mais pour produire convenablement cette sorte de modulation on fera bien d'observer la règle suivante:

*Premier moyen pour moduler dans un ton non relatif à celui qui précède.*

1re RÈGLE. — 1° On prend l'accord de 9me du ton dans lequel on veut aller, en y supprimant la 9me et en haussant d'un demi-ton la note fondamentale. — 2° Dans l'accord suivant on doit baisser d'un demi-ton cette même note fondamentale.

Exemple pour moduler de *sol majeur* en *la♭ majeur.*

Pour produire cet exemple nous avons raisonné ainsi qu'il suit:

L'accord de 9me de *la♭* est *mi♭, sol, si♭, ré♭, fa♭.* Supprimons la 9me *fa♭* et haussons d'un demi-ton la note fondamentale *mi♭* et nous aurons *mi, sol, si♭, ré♭,* que nous ferons succéder à l'accord parfait *sol, si, ré.* Ensuite baissons d'un demi-ton ce même *mi,* et nous aurons *mi♭, sol, si♭, ré♭,* accord de 9me de *la♭,* moins sa 9me.

Il est à remarquer que *mi, sol, si♭, ré♭,* de l'exemple ci-dessus est l'accord de 9me (*moins sa note fondamentale Do.*) du ton de *fa maj: et min:*; considérant cet accord comme appartenant à *fa mineur,* il serait logique de faire succéder les deux accords fondamentaux de *la♭,* ton relatif à *fa mineur.*

Il est également logique de faire succéder *mi, sol, si♭, ré♭,* à l'accord parfait, *sol, si, ré,* de *sol majeur.* En effet, *mi, sol, si♭, ré♭,* sont synonymes à *la♯, do♯, mi, sol.* (*Voyez le tableau N°.2.*) Or *la♯, do♯, mi, sol,* est l'accord de 9me de *si maj: et min:* (*moins sa note fondamentale Fa♯.*) On sait que *si mineur* est un ton relatif à *sol,* par conséquent *mi, sol, si♭, ré♭,* ou *la♯, do♯, mi, sol,* pourra succéder à *sol, si, ré.*

On doit raisonner de la même manière pour lier d'autres tons non relatifs entr'eux. On fera des exemples semblables à celui que nous venons de faire, en prenant pour point de départ un ton quelconque et en allant dans un ton non relatif.

*Deuxième moyen pour moduler dans un ton non relatif à celui qui précède.*

2me RÈGLE. — Après l'accord parfait du ton principal de la période, on peut attaquer l'accord de 9me (*moins sa 9me*) du ton principal, ou d'un de ses tons relatifs; ensuite on fait succéder l'accord parfait qui se trouve à une 2de mineure plus bas que la note fondamentale de cet accord de 9me.

Ces modulations sont également logiques: en effet, au premier exemple, *sol, si, ré, fa,* forment l'accord de 9me de *do* (*moins sa 9me La♭.*) Or, en consultant nos deux tableaux sur les douze accords de 9me, nous voyons que *mi♯, sol♯, si, ré,* sont des notes synonymes à *si, ré, fa, la♭.* Ainsi *mi♯, sol♯, si, ré,* (*moins sa fondamentale Do♯.*) est l'accord de 9me de *fa♯*; et *sol, si, ré, fa,* (*moins La♭.*) est l'accord de 9me de *do.*

Le raisonnement sera le même pour les autres exemples.

## AUTRES EXEMPLES.

On peut aussi, comme ci-dessus, au lieu de prendre l'accord de 9.<sup>me</sup> du ton principal ou un de ses relatifs, attaquer *(moins sa 9<sup>me</sup>)* l'accord de 9<sup>me</sup> d'un ton non relatif et au lieu d'y aller, prendre au contraire l'accord parfait du ton qui se trouverait comme ci-dessus à une 2<sup>de</sup> mineure plus bas que la note fondamentale de cet accord de 9<sup>me</sup>. Par ce moyen on retombe de nouveau à l'accord parfait d'un ton relatif, ou à ses voisins. Exemple:

Ce moyen est également logique. En effet, au premier exemple *la♭, do, mi♭, sol♭*, pourra succéder à *do, mi, sol*, parceque l'on peut considérer ces trois notes comme un fragment de l'accord de 9<sup>me</sup> de *fa mineur*, ton relatif à *ré♭ majeur* auquel appartient l'accord de 9<sup>me</sup> *la♭, do, mi♭, sol♭*, que l'on fait succéder. Le raisonnement sera le même pour les autres exemples, dans lesquels on voit que l'on pourrait revenir de suite au ton principal, si l'on ne voulait pas s'en éloigner.

*NOTA.* Nous avons dit plus haut que les notes bémolisées tendent à descendre et que les notes diésées tendent à monter et qu'il serait mal d'écrire par exemple *mi, mi♭, mi*, etc. Pour éviter cela, on pourra changer la 7<sup>me</sup> de l'accord de 9<sup>me</sup> en sixte augmentée en remplaçant par exemple le *la♭* par *sol♯*, le *mi♭* par *ré♯*, le *sol♭* par *fa♯*, etc. Mais, dans la partie du guide, on ne fera pas ce changement, afin de pouvoir plus facilement se rendre compte des modulations. — Ainsi, on pourra écrire l'exemple ci-dessus de la manière suivante:

On fera des exemples semblables, en prenant pour point de départ un ton quelconque.

Il est à remarquer que l'on peut aussi, en partant de l'accord parfait du ton principal, moduler dans des tons relatifs ou non relatifs, en employant à la fois les deux moyens que nous venons d'indiquer dans cette 5<sup>me</sup> leçon. Exemple:

Dans le premier exemple, nous donnons à penser que nous allons de *do* en *la♭*, en suivant la 1<sup>re</sup> règle du premier moyen *(voir plus haut.)* mais, au contraire, nous employons la 2<sup>me</sup> règle du deuxième moyen pour aller à l'accord parfait de *ré majeur*. Il en est de même pour les autres exemples. — On s'exercera à en faire de semblables, en partant d'un ton quelconque.

Ces différents genres de modulations que nous traitons dans cette 5<sup>me</sup> leçon peuvent être appelés *modulations trompeuses.* En effet, elles trompent l'oreille; car toutes les fois qu'après un accord de 9<sup>me</sup> appartenant à un ton, on ne fait pas succéder l'accord parfait du même ton, mais qu'au contraire on fait suivre l'accord parfait d'un ton différent relatif ou non relatif, ou bien un nouvel accord de 9<sup>me</sup>, on trompe, pour ainsi dire, l'oreille, qui ne s'attend pas à ce procédé, lequel n'est pas naturel, mais qui cependant charme beaucoup l'oreille, lorsque la succession est correcte ; pour la rendre telle, il ne faut pas oublier la règle d'harmonie donnée à la 3.me leçon, et la suivante pour la succession de deux accords de 9.me

## DEUXIÈME RÈGLE D'HARMONIE.

1º Lorsqu'on fait la succession de deux accords de 9.me, on doit à l'un retrancher sa 9.me et à l'autre sa note fondamentale. Il faut suivre la première règle d'harmonie pour la marche des notes sur le 2.me accord de 9.me On peut aussi aux deux accords ne supprimer que leur 9.me ou leur note fond.le

2º — Si, à l'accord de 9.me appartenant à un ton, on fait succéder l'accord parfait d'un ton différent, on doit à l'accord de 9.me retrancher ou sa 9.me, ou sa note fondamentale ; mais, si l'on ne retranche pas cette dernière, on ne doit pas la placer à la basse, à moins que l'on veuille retrancher la quinte de ce même accord de 9.me, ou à moins que cette quinte soit contenue dans l'accord qui suit.

*NOTA.* Il suffirait de ne retrancher que la 9.me à deux ou plusieurs accords de 9.me qui se suivraient, et de leur laisser la note fondamentale et la quinte, pourvu que cette dernière soit toujours entendue dans l'accord qui précède.

### AUTRES EXEMPLES DE MODULATIONS PAR TROMPERIES.

Au Nº. 1, par l'accord de 9.me du ton principal, on va en *la♭ majeur* ; cela est logique, parceque l'accord de 9.me de *do* pouvant être considéré comme appartenant également à *do mineur*, on peut, par cet accord de 9.me, tomber dans les accords parfaits des tons relatifs à *do mineur*, et vice versá. Il en est de même pour l'exemple Nº. 2.

Au Nº. 3, à l'accord de 9.me de *do*, nous faisons succéder l'accord parfait de *la mineur* ; cela peut se faire, parcequ'après l'accord de 9.me du ton principal, on peut, en trompant l'oreille, faire succéder un des accords parfaits des tons relatifs au ton principal.

Au Nº. 4, on trompe également l'oreille en faisant succéder deux accords de 9.me de suite, dont l'un appartient à *do* et dont l'autre appartient à *la mineur*, deux tons relatifs entr'eux ; cela peut se faire, car il y a relation entre deux accords de 9.me appartenant à deux tons relatifs entr'eux. On fera le même raisonnement pour les exemples Nº. 5 et 6.

Au Nº. 7, on trompe l'oreille en faisant succéder l'accord de 9.me d'un ton relatif, et au lieu d'aller à son accord parfait, on retombe au contraire dans l'accord parfait du ton principal.

Au Nº. 8, le même cas se présente, puisqu'à *fa♯, la, do, mi♭*, accord de 9.me de *sol*, on fait succéder l'accord de 9.me de *si♭ majeur* ; cela peut se faire, d'après ce que nous avons dit sur les moyens de moduler dans un ton non relatif.

On fera des exemples semblables, en prenant, pour ton principal, un ton quelconque et en suivant les mêmes principes.

On peut aussi, pour tromper l'oreille, faire succéder plusieurs accords de 9ᵐᵉ de suite, en supprimant toutes les 9ᵐᵉˢ, ou bien toutes les notes fondamentales. Exemple :

Dans cet exemple, nous avons formé une période de huit mesures, à quatre temps ; on pourra la réduire de moitié, en changeant les blanches en noires, ce qui fera quatre accords pour une mesure. — Nous avons supprimé toutes les notes fondamentales des accords de 9ᵐᵉ qui se suivent. Cette succession est logique, d'après ce que nous avons dit au commencement de ce chapitre, où les douze accords de 9ᵐᵉ se réduisent à trois accords relatifs entr'eux. — On remarque que chacune des quatre notes de l'accord descend, par gamme chromatique, depuis le commencement jusqu'à la fin. — Pour mieux se rendre compte, nous allons reproduire le même exemple de la manière suivante.

D'après cet exemple, on voit que si, dans une mélodie, on avait des notes qui descendraient en forme de gamme chromatique, et si l'on avait à en faire l'accompagnement, on pourrait adopter ce moyen de modulation, soit pour toutes les notes, soit pour quelques unes d'entr'elles.

Il en est de même pour des notes de la mélodie, auxquelles on voudrait donner l'accompagnement suivant, qui renferme une suite d'accords de 9ᵐᵉ, dont nous avons supprimé la 9ᵐᵉ, et où nous faisons toujours entendre la quinte de chaque accord de 9ᵐᵉ dans l'accord qui précède, afin de nous conformer à la 2ᵐᵉ règle d'harmonie que nous avons donnée plus haut pour cette espèce de modulations.

Pour l'intelligence de l'élève, nous mettons les notes dans trois portées.

Par les croix nous faisons voir la suppression de toutes les neuvièmes.

On remarque que tous ces accords de 9ᵐᵉ qui se suivent appartiennent à tous les six tons relatifs de *do majeur*, ton principal de la période. — On fera des exemples semblables, en partant d'un ton quelconque.

On peut aussi supprimer la 7.me et la 9.me de chaque accord de 9.me ci-dessus. Exemple:

En supprimant ainsi la 7.me et la 9.me de chaque accord, et en y mêlant la succession des accords parfaits des tons relatifs à un ton principal donné, et en ayant soin d'observer les deux règles d'har_ monie que nous avons données, on pourra produire des exemples comme ceux qui vont suivre.

Par les croix nous indiquons les suppressions. Il semblerait qu'il y a ici des accords parfaits de tons non relatifs à *do majeur*, comme, par exemple, *mi majeur*, *la majeur*, *ré majeur*, si l'on perdait de vue la suppression. — Or, en analysant des morceaux de musique, on doit savoir se rendre compte des suppressions que l'on fait à l'accord de 9.me et distinguer ainsi les modulations, que l'on fait aux tons relatifs, de celles que l'on fait aux tons non relatifs.

*NOTA.* On peut aussi, à des accords de 9.me, supprimer la fondamentale et la 9.me, ou la fondamentale et la tierce, et moduler dans des tons relatifs. Exemple:

D'après toutes les ressources que nous donnons sur les modulations et sur les notes étrangères, on pourra s'exercer à trouver l'harmonie ou l'accompagnement d'une mélodie quelconque, en sachant dis_ tinguer les notes qui pourront être considérées, ou comme notes étrangères, ou comme notes de l'ac_ cord que l'on désire faire entendre.

On doit aussi faire attention à la chute de chaque phrase, ainsi que nous l'avons toujours fait jusqu'à présent, et voir si les notes de la phrase mélodique s'accordent dans la chute avec la mo_ dulation que l'on veut choisir; généralement, à la fin de la phrase conséquente, où l'oreille désire se reposer, la mélodie fait la note fondamentale d'un accord parfait, à moins de vouloir tenir en suspens

32

le sens musical par des notes d'un accord de 9<sup>me</sup>, ou bien par la tierce ou la quinte d'un accord parfait, ce qui sera facile de reconnaître d'après ce qui précédera.

1° Toutes les fois que la mélodie a des notes qui marchent par sauts de tierce, de quarte, de quinte etc, il est évident qu'elle fait des notes d'accord, et si, dans ce cas, elles sont altérées par des signes accidentels, étrangers à la gamme du ton principal de la période, il est hors de doute que la mélodie module dans des tons relatifs. — 2° Mais si les notes marchent par intervalles chromatiques, de manière à ne pas trouver de suite la chute à un accord parfait, il sera évident que la mélodie module par tromperie; dans ce cas, on suit la mélodie jusqu'à sa chute, afin de lui appliquer l'accord parfait qu'il lui faut, et en préparant à cette chute les accords qui précèdent. Voici deux exemples:

Au premier exemple, et à la 5<sup>me</sup> mesure, on voit do♯ qui fait intervalle de tierce avec *la*, et à la 4<sup>me</sup> mesure, la chute de la mélodie se fait sur le *ré*; il est évident que l'on veut moduler en *ré mineur* par son accord de 9<sup>me</sup> *la, do♯, mi, sol, si♭*. (*Que l'on consulte le tableau des accords fondamentaux de chaque ton relatif à Do.*) — En consultant ce même tableau, on verra qu'à la 7<sup>me</sup> mesure, on module en *sol*, (*chute de la phrase mélodique.*) par son accord de 9<sup>me</sup>

Au 2<sup>me</sup> Exemple, et à la chute de la première phrase, on module en *la mineur* par son accord de 9<sup>me</sup>; ainsi de suite. — On s'exercera à faire des exemples semblables, comme ci-dessus, en partant d'un ton quelconque. Après avoir préparé la portée du *guide*, on fera l'accompagnement.

Exemple pour le 2<sup>me</sup> cas.

Nous supposons que la période en demande une autre, parceque la mélodie fait chute sur le *ré♭*; donc cette note doit être considérée comme fondamentale de l'accord parfait de *ré♭*. D'ailleurs, dans la mélodie il y a la note *do* qui précède et qui est contenue dans l'accord de 9<sup>me</sup> de *la♭*; celà rend évidente la chute en *ré♭* par son accord de 9<sup>me</sup> Or, pour préparer les deux accords qui précèdent cette chute, nous modulons à l'accord parfait de *si♭ mineur* par son accord de 9<sup>me</sup> à la 5<sup>me</sup> et 6<sup>me</sup> mesure, parceque ce ton est relatif à *ré♭*, et parceque le *la* naturel et le *si♭* de la mélodie sont des notes contenues dans ces deux accords fondamentaux de *si♭ mineur*. On raisonnera de la même manière pour résoudre des exemples semblables.

Quand, dans une phrase, les notes de la mélodie peuvent être considérées soit comme notes étrangères, soit comme notes d'un accord, on peut placer l'accord que l'on préfère, pourvu que l'on ait toujours en vue la chute de la phrase.

En mettant en harmonie et en accompagnement les notes des accords que l'on a dans chacune des portées du *guide* et en exécutant séparément chaque accompagnement avec la mélodie ci-dessus, on se rendra compte de la différence qui existe entre l'accompagnement qui résulterait du 2me *guide*, et celui du 3me ou du 1er. Nous avons pu faire les variétés ci-dessus, parceque les notes de la mélodie permettent de faire produire cette espèce de variétés ; en effet, les notes *mi* répétées plusieurs fois ainsi que la chute sur les notes *ré* et *do*, (*trois notes qui marchent par seconde en descendant.*) prêtent beaucoup aux changements d'accords, dans lesquels ces notes sont contenues. Il en est de même pour les quatre dernières mesures, où les notes de la mélodie, par leur marche chromatique et conjointe, et par l'égalité de leur valeur, peuvent être considérées tour à tour comme notes étrangères ou comme notes d'accords, à la volonté du Compositeur.

## DE L'ENHARMONIE.

Dans chaque case ci-dessus du N°1, au N°8, les deux notes font sur le piano le même son ; au N°9, on a le même accord parfait sur le piano ; au N°10, on a le même accord de 9me. Le premier est celui de *do*b ; le second est celui de *si*. En changeant ainsi l'apparence d'une note par des signes accidentels, bien que ce soit toujours le même son sur le piano, l'on fait ce qu'on appelle **Enharmonie** : nous appellerons cela *transformation*, qui a été développée plus haut par notre tableau des douze accords de 9me (*avec dernière tierce min: moins leur fondamentale.*) et que nous avons pratiquée par des exemples où la 7me de l'accord de 9me se transforme en sixte augmentée ; et par des exemples où la transformation des notes est supposée au lieu d'être évidente, ainsi que nous allons le voir par les exemples suivants :



Au N°1, et à la 3me mesure la *transformation* est évidente, car le *ré*b se transforme en *do*♯, et le *si*b en *la*♯ ; dans ce cas l'accord de 9me de *la*b se change par l'Enharmonie en celui de 9me du ton de *si* dans lequel on veut aller ; (c'est à dire l'accord de 9me de *Si* avec sa dernière tierce min: et moins sa fondamentale.) Il en est de même au N°2, à la 2me mesure ; au N°3, on a le même exemple que celui du N°2, avec la différence qu'au N°2, la *transformation* est évidente, et qu'au N°3, elle est supprimée, ou pour mieux dire elle est supposée ou cachée. En effet au N°3, à la 2me mesure et au 3me temps on module de suite à l'accord parfait de *la*b par l'accord de 9me (*moins sa fondamentale.*) de ré.

Ces espèces de *transformations* évidentes ou supposées se font en partant d'un ton quelconque pour aller à un ton quelconque. Notre tableau des douze accords de 9me est d'une grande ressource pour ces sortes de modulations, qui sont principalement usitées soit pour changer de ton une nouvelle période, soit pour causer une suprise, soit pour faire suivre des périodes dans lesquelles on intercale un genre de mélodie appelée *récitative*, parcequ'elle imite le langage : on s'en sert aussi pour faire ce qu'on appelle des *rentrées* de deux ou de plusieurs mesures indépendantes de la période ; ces rentrées peuvent se faire mélodiquement ou harmoniquement.

# SIXIÈME LEÇON.

—

### REMARQUES SUR L'ACCORD DE NEUVIÈME.

Dans nos précédentes leçons nous employons l'accord de 9<sup>me</sup> avec sa dernière tierce mineure; on peut aussi employer le même accord avec sa dernière tierce majeure, mais il y a des règles à suivre. — 1° Lorsqu'on place les notes en accord et en accompagnement la 9<sup>me</sup> doit se trouver à distance de 9<sup>me</sup> de la note fondamentale. Généralement la 9<sup>me</sup> se donne à la partie la plus haute ou à celle qui fait le chant mélodique. — 2° La tierce doit être placée à distance de 7<sup>me</sup> de la 9<sup>me</sup>. — 3° En ne retranchant point la note fondamentale, la 9<sup>me</sup> ne doit pas être placée à la Basse. Exemple :

Si l'on retranche la note fondamentale, la tierce doit également se trouver à distance de 7<sup>me</sup> de la 9<sup>me</sup> à moins que cette dernière soit entendue dans l'accord qui précède; dans ce cas elle pourra même être placée à la Basse. Exemple :

A la 2<sup>me</sup> mesure la 9<sup>me</sup> *la* se trouve au dessous de la tierce *si*, mais cela peut se faire parceque la note *la* est entendue dans l'accord qui précède *mi, la, do*. — En faisant modulation naturelle, la tierce et la quinte doivent monter d'une seconde; la 7<sup>me</sup> et la 9<sup>me</sup> doivent descendre d'une seconde. A quatre parties on supprime la quinte.

On doit disposer les notes de l'accord parfait de manière à ce qu'elles aillent sur l'accord suivant en montant, ou en descendant par intervalle de seconde. La basse peut aller d'une note fondamentale à l'autre. Au 2<sup>me</sup> exemple, en *la mineur*, on remarque que nous employons l'accord de 9<sup>me</sup> avec sa dernière tierce mineure. En effet, l'accord de 9<sup>me</sup> avec sa dernière tierce majeure et avec sa note fondamentale, est employé le plus souvent pour moduler à l'accord parfait de son ton majeur et, avec sa dernière tierce mineur, il est employé pour moduler à l'accord parfait de son ton mineur.

### EXEMPES DE MODULATION NATURELLE AUX TONS RELATIFS À UN TON DONNÉ.

Dans ces exemples, on remarque que nous employons l'accord de 9ᵐᵉ, avec sa note fondamentale et a_ vec sa dernière tierce majeure, toutes les fois que nous voulons aller à l'accord parfait d'un ton majeur, et nous employons le même accord, avec sa dernière tierce mineure, toutes les fois que nous modulons à l'accord parfait d'un ton mineur. On remarque aussi la marche diatonique des notes dans les changements d'accord.
— Par exception, l'accord de 9ᵐᵉ, sans sa note fondamentale et avec sa dernière tierce mineure, peut s'employer pour aller à l'accord parfait majeur ou mineur du même ton auquel appartient l'accord. Exemple:

Généralement l'accord de 9ᵐᵉ, avec sa dernière tierce majeure, s'emploit sans sa note fondamentale lors_ qu'on veut tromper l'oreille, en faisant succéder un des deux accords fondamentaux d'un ton relatif à celui auquel appartient l'accord de 9ᵐᵉ que l'on quitte, et c'est sous ce point de vue que nous allons le traiter.

*NOTA*. Les traités désignent cet accord par 7ᵐᵉ de sensible et même 7ᵐᵉ de 3ᵐᵉ espèce.

## PREMIÈRE SUPPOSITION.

Supposons que le point de départ soit un ton majeur, et que l'on veuille moduler à l'accord parfait d'un de ses tons relatifs. Dans ce cas les notes doivent rester en place dans l'accord suivant et si quel_ ques unes ne le peuvent pas, la tierce pourra monter ou descendre d'une seconde, la quinte monte d'une se_ conde, la 7ᵐᵉ et la 9ᵐᵉ descendent d'une seconde. Si la 9ᵐᵉ est entendue, la quinte peut descendre d'une 2ᵈᵉ

*NOTA*. Pour aller de l'accord parfait à l'accord de 9ᵐᵉ du même ton, la note fondamentale de l'accord parfait ne doit pas aller sur la quinte de l'accord de 9ᵐᵉ à moins que la 9ᵐᵉ soit contenue dans l'accord qui précède.



Il est inutile de dire que par la fin de chaque exemple ci-dessus, on tient en suspens le sens musi_ cal, lequel devrait être suivi par une nouvelle phrase de deux mesures dans lesquelles on ferait le re_ tour au ton principal. — Par les croix, nous indiquons la suppression de la note fondamentale. Au 2ᵐᵉ exemple, on remarque que nous avons supprimé la 7ᵐᵉ, *fa naturel*, lequel ferait mauvaise liaison avec les notes de l'accord parfait de *mi mineur* dont l'intonation fait supposer le *fa* ♯. On remarque aussi que l'audition de cet accord de 9ᵐᵉ ci-dessus *(moins sa note fondamentale)* fait désirer le retour en *do majeur*; mais, en modulant à l'accord parfait d'un de ses tons relatifs, on trompe l'oreille.

## DEUXIÈME SUPPOSITION.

En supposant que l'accord suivant soit un accord de 9ᵐᵉ *(moins sa neuvième)* d'un ton relatif, on sui_ vra les mêmes principes, excepté que la tierce peut en plus descendre d'un demi-ton chromatique; la quinte et la 7<sup>me</sup> pourront monter d'un demi-ton chromatique en évitant toutefois que les quatre parties ne descendent à la fois, ou ne montent pour aller sur les notes de l'accord suivant. Exemple:

On voit par ces exemples, que le meilleur moyen, de ne point faire une mauvaise succession, c'est de tenir les notes bien rapprochées en accord entr'elles, et de les conserver autant que possible en place pour aller sur l'accord suivant. Les signes ≺ ou ≻ marquent le mouvement ascendant ou descendant d'une même note pour aller en sens contraire sur deux notes différentes. On remarque aussi que la 9<sup>me</sup> de chaque accord de 9<sup>me</sup> d'un ton relatif est supprimée, excepté celle du 5<sup>me</sup> exemple ou l'on module au 6<sup>me</sup> degré.

## TROISIÈME SUPPOSITION.

Pour point départ on pourrait prendre un ton mineur et, par l'accord de 9<sup>me</sup> de ce ton (*ayant en moins sa note fondamentale, et ayant sa dernière tierce majeure.*) moduler à l'accord parfait d'un de ses tons relatifs, mais il vaut mieux ne pas le faire, parceque, cette modulation, présente beaucoup de difficulté dans la marche des notes, et dans la conservation de la tonalité. D'ailleurs la 9<sup>me</sup>, avec sa dernière tierce majeure, ne serait point en rapport avec les notes des accords parfaits des tons relatifs ; en effet, supposons que *do mineur* soit le point de départ. Or la note *la naturel* de son accord de 9<sup>me</sup> n'aurait point d'analogie avec la tonalité de *mi♭ majeur*, de *fa mineur*, de *la♭ majeur*, ses tons relatifs ; mais si l'on se servait de l'accord de 9<sup>me</sup> avec sa dernière tierce majeur, (*moins sa note fondamentale*) du ton de *mi♭* qui est un de ses tons relatifs sur le 3<sup>me</sup> degré de sa gamme, et dont les notes de son accord de 9<sup>me</sup> seraient *ré, fa, la♭, do♭* ou *do naturel* (*moins sa fondamentale Si♭*) alors on établirait une plus grande analogie pour moduler dans tous ses tons relatifs, et les difficultés seraient bien moindres ; c'est pour ces motifs que les Compositeurs préfèrent ce moyen.

D'après cela, supposons que *la mineur* est le point de départ. ⸺ En prenant l'accord de 9<sup>me</sup> de *do majeur* qui est un de ses tons relatifs et qui se trouve sur le 3<sup>me</sup> degré de *la mineur*, nous aurons les notes *si, ré, fa, la naturel.* (*moins sa fondamentale Sol et ayant sa dernière tierce majeure*) On voit de suite que par ces notes, nous pouvons établir une grande analogie avec celles des accords fondamentaux de ses tons relatifs, qui sont également tous des tons relatifs à *do majeur*. C'est pour cela que nous allons reproduire les deux exemples que nous avons donnés ci-dessus à la première et à la 2<sup>me</sup> supposition avec la seule différence que notre point de départ sera *la mineur* au lieu d'être *do majeur*.

Par ces exemples, on voit que, par l'accord de 9<sup>me</sup> de *do majeur*, ( *moins sa note fondamentale*) nous modulons à l'accord parfait des tons relatifs à *la mineur* qui sont aussi des tons relatifs à *do majeur*. Mais en procédant ainsi nous produisons une modulation par tromperie. Il en est de même dans les exemples suivants:

Au premier exemple nous faisons modulation par tromperie en attaquant l'accord de 9me de *do*, et en faisant succéder l'accord de 9me de *la mineur*. Pour savoir bien employer l'accord de 9me, d'après ce chapitre, on fera bien de reproduire nos exemples dans tous les tons, et de se rappeler la règle d'harmonie de la précédente leçon ; ensuite on composera des périodes avec des mélodies et leur accompt en suivant les moyens indiqués aux leçons précédentes.

## DES NOTES PROLONGÉES.

On appelle *note prolongée* une note de l'accord que l'on quitte, dont le son se continue sur un nouvel accord suivant ; dans ce cas elle devient note étrangère, n'y étant pas contenue, mais en la faisant descendre d'une seconde, elle devient note d'accord, si elle s'y trouve ; — si elle n'y était point, on ferait en sorte qu'elle soit renfermée dans l'accord suivant. — Une note ainsi prolongée produit le même effet que celui que nous cause l'audition de la 7me ou de la 9me de l'accord de 9me, lesquelles notes nous font désirer une solution descendante sur des notes de l'accord parfait afin d'établir une espèce de repos. — Généralement, la note prolongée se donne à la partie supérieure ou à celle qui fait le chant mélodique.

*RÈGLE.* — Chaque note de l'accord parfait ou de l'accord de 9me (*moins la 7me et la 9me*) peut se prolonger sur un nouvel accord suivant. Cette prolongation peut se faire par trois moyens différents ; et chaque moyen a différentes variétés.

### PREMIER MOYEN, ET PREMIÈRE VARIÉTÉ, (*Appelé Retards.*)

On peut prolonger une note de l'accord que l'on quitte de manière à ce qu'en descendant d'une seconde elle puisse être contenue dans le nouvel accord suivant. En employant ce moyen on doit faire en sorte qu'aucune partie ne descende pour aller sur la même note à laquelle, en descendant d'une seconde, doit aller la partie qui fait la note prolongée sur le nouvel accord suivant.

### PROLONGATION DE LA NOTE FONDAMENTALE DE L'ACCORD PARFAIT MAJ: OU MIN:
#### *Modulation naturelle.*

58

Au 1ᵉʳ exemple, on remarque que la note *do* fondamentale de l'accord parfait, placée à la partie supé_
rieure, se prolonge sur le nouvel accord suivant de 9ᵐᵉ du ton de *do*; cette note prolongée n'est point
contenue dans le nouvel accord, mais en descendant le *do* d'une seconde, cela nous donne la note *si*, et cette
dernière y est contenue. — Il en est de même des notes prolongées des autres exemples et de ceux qui
vont suivre. On remarque que nous mettons à la basse, soit la note fondamentale de l'accord, soit la tierce,
la quinte, la 7ᵐᵉ et même la 9ᵐᵉ, avec sa dernière tierce mineure, en supprimant la note fondamentale.

### PROLONGATION DE LA TIERCE DE L'ACCORD PARFAIT MAJ: OU MIN:

### DEUXIÈME VARIÉTÉ.

On peut aussi prolonger les notes de l'accord parfait ou de l'accord de 9ᵐᵉ *(moins la 7ᵐᵉ et la 9ᵐᵉ)* sur
un des deux accords fondamentaux d'un ton relatif au ton principal de la phrase, lesquelles notes, en des_
cendant d'une seconde, seraient contenues dans ce nouvel accord d'un ton relatif.

*NOTA.* Dans les exemples ci-dessus, il manque la prolongation de la quinte de l'accord parfait ma_
jeur et mineur et de la note fondamentale de l'accord de 9ᵐᵉ, de sa tierce, et de sa quinte, parceque la
prolongation de ces notes n'est pratiquée qu'en modulant aux tons relatifs, ainsi qu'on le verra aux ex_
emples suivants.

### PROLONGATION DE LA NOTE FONDAMENTALE DE L'ACCORD PARFAIT.

Au premier exemple, on remarque que la note *do* fondamentale de l'accord parfait se prolonge sur
le nouvel accord suivant qui est celui de 9ᵐᵉ du ton de *la mineur*. La note prolongée *do* n'est point con_

tenue dans ce nouvel accord, mais en descendant d'une seconde sur le *si*, cette dernière y est contenue.
Il en est de même des autres exemples et de ceux qui vont suivre.

### PROLONGATION DE LA TIERCE DE L'ACCORD PARFAIT MAJ: OU MIN:

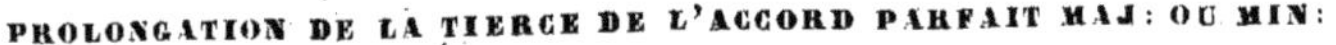


### PROLONGATION DE LA QUINTE DE L'ACCORD PARFAIT MAJ: OU MIN:

### PROLONGATION DE LA NOTE FONDAMENTALE DE L'ACCORD DE 9me
#### DU TON MAJ: ET MIN:



### PROLONGATION DE LA TIERCE DE L'ACCORD DE 9me
#### DU TON MAJ: ET MIN:

## PROLONGATION DE LA QUINTE DE L'ACCORD DE 9me
### DU TON MAJ: ET MIN:

## TROISIÈME VARIÉTÉ.

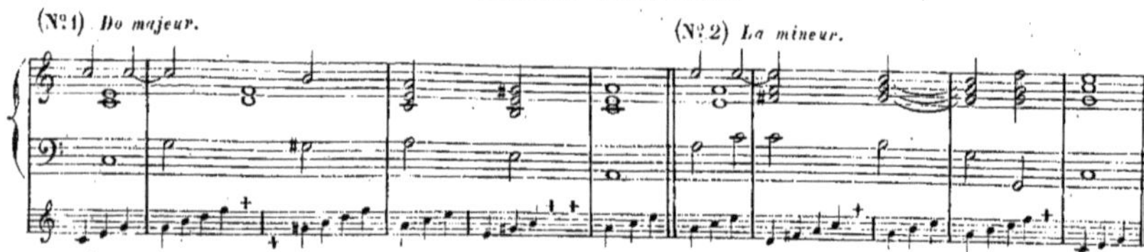


Nous donnons une troisième Variété; après le premier nouvel accord dans lequel, en descendant d'une seconde, la note prolongée serait contenue, on pourra faire succéder un deuxième nouvel accord dans le_quel la note prolongée et descendue serait également contenue. En effet, au premier exemple on remarque que la note prolongée *do*, en descendant d'une seconde, sur le *si*, cette dernière serait contenue dans le premier nouvel accord *sol*, *si*, *ré*, *fa*, et elle y est également dans le 2.me accord suivant qui est celui de 9.e du ton de *la mineur* dans lequel on veut moduler.

*NOTA.* Il y a bien des exceptions aux règles générales que nous donnons sur les notes prolongées se_lon le premier moyen, mais elles sont peu nombreuses et pour ne pas s'exposer à faire de mauvaises liaisons, il vaut mieux s'en tenir à nos exemples, les produire dans tous les tons; composer d'abord des phrases, puis des périodes, avec la mélodie et son accompagnement, selon la 4.me leçon; ensuite l'on fera des imitations en donnant de temps à autre des notes prolongées aux différentes parties.

### (*)DEUXIÈME MOYEN DE PROLONGATION. PREMIÈRE VARIÉTÉ.

Nous avons dit plus haut qu'une note de l'accord parfait que l'on quitte peut se prolonger sur une no_te de l'accord suivant dans lequel, si, en descendant d'une seconde, elle n'est point contenue, on doit faire en sorte qu'elle y soit dans un nouvel accord suivant. Ce 2.me moyen diffère du 1.er en ce que la note pro_longée, en descendant d'une seconde, n'est point contenue dans le premier nouvel accord lequel est tou_jours un accord parfait d'un ton relatif au ton principal de la phrase, et à ce que néanmoins elle se trou_ve contenue dans un 2.me accord suivant, lequel pourra être un des deux accords fondamentaux du ton principal ou de ses relatifs. —Voici des exemples sur ce 2.me moyen, en prenant pour point de départ la note fondamentale de l'accord parfait de *do majeur* et la tierce de l'accord parfait de *la mineur*.

(*) Les traités désignent ce 2.me moyen comme accords de 7.me de 2.me, 3.me et 4.me espèce.

(N°. 3)  (N°. 4)

A l'exemple ci-dessus, on remarque que *do*, note fondamentale de l'accord parfait, se prolonge sur le nouvel accord suivant qui est l'accord parfait de *ré mineur*, un des tons relatifs au ton principal de la phrase. Dans cet accord de *ré mineur*, le *do* est une note étrangère, et bien qu'elle descendrait d'une seconde, ce qui nous donnerait la note *si*, celle-ci ne serait pas non plus contenue dans ce premier accord; mais, en faisant succéder pour 2me accord suivant, celui de 9me du ton de *do*, la note *si*, y serait contenue. Or d'après la règle ci-dessus sur le 2me moyen, on sait que la note ainsi prolongée doit, en descendant d'une seconde, être contenue dans le 2me nouvel accord suivant. Il en est de même pour tous les exemples qui suivent, et pour ceux que nous allons donner.

*NOTA.* Au 4me exemple ci-dessus, c'est la basse qui fait la note prolongée; cela peut se faire lorsqu'elle fait un chant mélodique, tandis que les autres parties font un accompagnement. Dans les autres exemples, on remarque que la basse peut faire la note fondamentale ou la tierce, ou la quinte de l'accord parfait du ton relatif, comme on l'a vu aux premières leçons.

### TIERCE DE L'ACCORD PARFAIT MINEUR PROLONGÉE.

On voit que cet exemple est pareil au précédent, puisque les tons relatifs à *la mineur* sont les mêmes que ceux de *do majeur*; il n'y a de différence entre les deux exemples que le point de départ, qui est *la mineur* au lieu d'être *do majeur* et que par conséquent on finit chaque phrase par le retour au ton principal. D'après cela nous nous dispenserons de donner des exemples sur la prolongation des notes de l'accord parfait d'un ton mineur; car les exemples sur le ton majeur pourront servir pour le ton mineur.

### PROLONGATION DE LA TIERCE DE L'ACCORD PARFAIT MAJ:

A la 2me mesure de l'exemple ci-contre, on remarque que l'on module à l'accord parfait du 4me degré, pendant que la note *mi* se prolonge. On verra plus loin la prolongation de la quinte de l'accord parfait, ainsi que de la note fondamentale de l'accord de 9me, de sa tierce et de sa quinte parcequ'on ne la pratique que sur des accords dans lesquels on module selon la 2me Variété.

## DEUXIÈME VARIÉTÉ.

On peut aussi pour 2.$^{me}$ nouvel accord, au lieu de prendre l'accord de 9.$^{me}$ du ton principal, attaquer un des deux accords fondamentaux d'un nouveau ton relatif et revenir ensuite au ton principal pour finir la phrase; à moins que l'on veuille agir autrement et ne revenir à ce dernier que dans une phrase suivante. Exemple:

### PROLONGATION DE LA NOTE FONDAMENTALE DE L'ACCORD PARFAIT MAJ:

Au premier exemple ci-dessus, on remarque que le premier nouvel accord est celui de *ré mineur* sur lequel la note *do* se prolonge; or le *do* étant obligé de descendre d'une seconde, ce qui nous donnerait la note *si*, nous attaquons l'accord de 9.$^{me}$ de *mi mineur* dans lequel la note *si* est contenue; par ce moyen nous modulons à l'accord de 9.$^{me}$ de *mi mineur* pour 2.$^{me}$ nouvel accord suivant, et ensuite vient l'accord parfait de *mi mineur*. — Il en est de même de l'autre exemple et de ceux qui vont suivre.

## TROISIÈME VARIÉTÉ.

Au lieu de faire suivre pour 2.$^{me}$ nouvel accord celui dans lequel la note prolongée, en descendant d'une seconde, serait contenue, on pourra faire suivre plusieurs accords fondamentaux dans lesquels la note prolongée serait contenue sans qu'elle ait besoin de descendre. Exemple:

Au premier exemple et à la 2.$^{me}$ mesure on remarque qu'après l'accord parfait de *do majeur* on fait succéder celui de 9.$^{me}$ de *mi mineur*. La note prolongée, *si*, est contenue dans ce nouvel accord sans qu'elle ait besoin de descendre d'une seconde; il en est de même à l'autre exemple pour la note *mi* de la 2<sup>me</sup> mesure.

## QUATRIÈME VARIÉTÉ.

On peut faire une suite de notes prolongées d'après le 2<sup>me</sup> moyen. Dans ce cas, on pourra intercaler l'accord de 9<sup>me</sup> avec sa dernière tierce majeure (*moins sa fondamentale*) du ton principal ou d'un ton relatif, d'après les règles données plus haut. Exemple:

Dans cet exemple, on ne module qu'aux accords parfaits des tons relatifs. On doit s'exercer à faire des exemples semblables dans tous les tons; puis on pourra faire une suite de notes prolongées en modulant aux tons relatifs et en y intercalant également des notes prolongées selon le premier moyen, ce qui produira bon nombre de Variétés.

## TROISIÈME MOYEN DE PROLONGATION, (*appelé Pédale.*)

La note fondamentale de l'accord parfait et celle de l'accord de 9<sup>me</sup> peuvent se prolonger pendant une phrase ou pendant une période sur les deux accords fondamentaux du ton principal ou de ses relatifs. Ce 3<sup>me</sup> moyen présente différentes combinaisons ou Variétés.

## PREMIÈRE VARIÉTÉ.

La note fondamentale de l'accord parfait majeur ou mineur placée à la basse peut se prolonger pendant une phrase ou une période, tandis que les autres parties pourront faire succéder les deux accords fondamentaux du ton principal; dans ce cas, (*à quatre parties,*) on retranche la quinte de l'accord de 9<sup>me</sup>, et lorsque ce dernier est employé avec sa note fondamentale on supprime la 9<sup>me</sup> ou bien on le prive de sa note fondamentale. Ces moyens sont beaucoup plus usité. Exemple:

*NOTA.* —On doit commencer et finir l'exemple par l'accord parfait.

## DEUXIÈME VARIÉTÉ.

Après l'accord parfait du ton principal, on peut attaquer l'accord parfait d'un ton relatif dont la fondamentale serait placée à la basse. Dans ce cas, les autres parties feraient d'abord les notes de ce nouvel accord parfait et elles pourraient aller sur l'accord de 9<sup>me</sup> de ce ton relatif, pendant que la basse prolongerait la note fondamentale du nouvel accord parfait. Exemple:

Après l'accord parfait d'un ton principal quelconque on pourra produire les mêmes exemples que ci-dessus en faisant succéder l'accord parfait de chaque ton relatif, et revenir par une nouvelle phrase, au ton principal.

### TROISIÈME VARIÉTÉ.

Pendant que la Basse prolonge la note fondamentale de l'accord parfait majeur ou mineur, les autres parties peuvent faire succéder, pendant toute une période, les accords fondamentaux du ton principal ainsi que ceux des tons relatifs. On pourra aussi intercaler des notes étrangères et les différents moyens de prolongation. Dans ce cas, il sera bien que la Basse, dans les deux dernières mesures, finisse par la note fondamentale de l'accord de 9.$^{me}$ et de l'accord parfait.

### QUATRIÈME VARIÉTÉ.

On doit procéder comme pour la 3.$^{me}$ Variété, avec la différence que ce sera une partie intermédiaire ou supérieure qui fera la note prolongée. On fera en sorte que cette dernière soit toujours contenue dans chaque accord que l'on fait succéder, à moins qu'elle devienne parfois note prolongée selon le 2.$^{me}$ moyen, ce qui sera également bon. Exemple:

On remarque que le *do*, de la partie intermédiaire, se prolonge sur tous les accords dans lesquels il est toujours contenu, excepté à la 2.<sup>me</sup> mesure, où cependant il est prolongé selon le 2.<sup>me</sup> moyen. Le même *do* ci-dessus pourrait être placé à la partie supérieure au dessus du chant mélodique.

## CINQUIÈME VARIÉTÉ.

La note fondamentale de l'accord de 9.<sup>me</sup> d'un ton majeur ou mineur, peut se prolonger à la Basse, ou dans tout autre partie. Si c'est la Basse qui prolonge la note, on suivra ce qui a été dit sur la 3.<sup>me</sup> Variété. Si c'est une partie intermédiaire, qui fasse la prolongation on observera les mêmes principes que ceux ci-dessus sur la 4.<sup>me</sup> Variété.

## SIXIÈME VARIÉTÉ.

En prolongeant simultanément la note fondamentale de l'accord parfait et de l'accord de 9.<sup>e</sup> d'un ton majeur ou mineur, on fait double prolongation. On pourra placer les deux notes prolongeés dans les parties que l'on voudra, mais on doit toujours placer à la Basse l'une des deux notes. Il faut suivre les mêmes principes que ci-dessus. — Nous croyons qu'il serait inutile de donner des exemples sur ces deux dernières Variétés, puisque les procédés sont les mêmes que ceux de la 3.<sup>me</sup> et de la 4.<sup>me</sup> Variété.

## DES ALTÉRATIONS.

Par un signe accidentel qui hausserait, ou qui baisserait d'un demi-ton la note de l'accord entendue d'abord sans altération, on pourra altérer une ou deux et même trois notes de l'accord que l'on quitte pour moduler aux deux accords fondamentaux du ton principal ou de ses relatifs. Une note ainsi altérée monte ou descend d'une seconde mineure sur une des notes de l'accord suivant.

La note dièsée doit monter, et la note bémolisée doit descendre; le becarre fait monter une note bémolisée, et il fait descendre une note dièsée. — Cette modification donne de l'élégance, et de la liaison à la marche des notes sur celles d'un accord suivant.

Pendant le temps qu'une partie fait l'altération, les autres parties restent généralement en place. La note qui doit être altérée ne doit pas se trouver dans les autres parties. — Il y a exception à cette règle; mais il vaut mieux s'y conformer.

On doit faire en sorte que la note altérée ne fasse pas intervalle de tierce diminuée (*un ton*) avec une autre note de l'accord. — La quinte de l'accord parfait ou de l'accord de 9.<sup>me</sup> est celle qui est le plus souvent altérée.

Généralement c'est la partie qui fait le chant mélodique ou la Basse qui fait l'altération, à moins que l'on compose pour des parties intermédiaires chantantes.

Nous réunissons dans le tableau suivant bien des altérations qui serviront de modéle, et qu'on transposera dans tous les tons. Ce sont des exemples de deux mesures pour passer du ton principal à ses relatifs, ainsi que de l'accord parfait du ton principal à son accord de 9.<sup>me</sup> et vice versâ. Pour compléter la phrase de quatre mesures, on fera soi-même les deux mesures qui manquent à chaque exemple, ainsi que le placement des notes en accord entr'elles à quatre parties; à n'importe quelle position, et en se servant des notes que l'on a à la portée du *Guide*, dans lequel nous indiquons la modulation que l'on peut faire lorsqu'on altère une note de l'accord que l'on quitte.

Ne pas oublier les règles que nous avons données.

# TABLEAU DES ALTÉRATIONS.

## Altération des notes de l'accord parfait majeur.

## Altération des notes de l'accord parfait mineur.

## Altération de la quinte de l'accord de 9ᵐᵉ du ton de Do majeur.

### Tierce altérée.

### Note fondamentale altérée.

Il en est de même pour l'altération des notes de l'accord de 9.me de *la mineur* par lesquelles on module à ses tons relatifs qui sont les mêmes que ceux de *do majeur*. Dans ce tableau on remarque que la note altérée ne se trouve jamais contenue sous quelque forme que ce soit dans le 2.me accord suivant; c'est ainsi que l'on doit toujours faire pour ne pas produire une mauvaise liaison. Dans chaque exemple ci-dessus on s'exercera à placer en accord, à quatre parties, les notes que l'on a à la portée du *guide*, en observant tout ce qui a été dit sur la marche des notes sur celles d'un accord suivant : En les plaçant soi-même on pourra faire double ou triple altération, pourvu qu'elles soient, en descendant ou en montant d'une seconde, contenues dans l'accord qui suit, sur lequel les notes dièsées ou bémolisées arriveront en sens contraire. Notre tableau et tout ce que nous venons de dire, nous dispense de donner des exemples qui seraient inépuisables si l'on voulait y faire figurer toutes les combinaisons sur le placement des notes en accord à quatre parties et sur la marche qu'elles doivent faire sur celles du 2.me accord.

*NOTA*. Pendant qu'une partie altère une note de l'accord, une autre partie pourra faire la prolongation d'une autre note, selon les *trois moyens* indiqués, tandis qu'une troisième aura un chant mélodique avec des notes étrangères. Dans l'accompagnement et dans les batteries on pourra doubler les notes altérées. — Exemple d'altération et de notes prolongées selon le 2.me moyen.

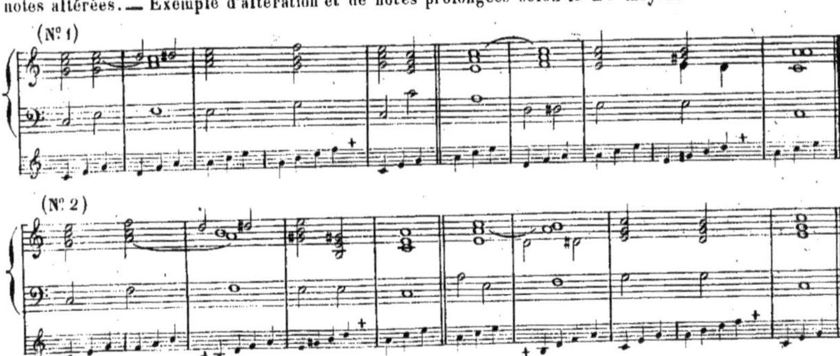


Au 2.me exemple nous produisons l'accord de quarte et sixte augmentées ou accord de triton avec sixte augmentée; c'est ainsi qu'on appelle cet accord dans les traités d'harmonie.

## DES MARCHES OU PROGRESSIONS.

On appelle marche ou progression la répétition pendant plusieurs mesures d'un *Modèle*, se composant de deux ou d'un plus grand nombre de notes, par lesquelles on commence la phrase. Dans la répétition du *Modèle* on doit suivre exactement la marche ascendante, ou descendante des notes qu'il contient, ainsi que le dessin rythmique et l'intervalle existant d'une note à la suivante. Nous composerons d'abord un *Modèle mélodique* sans notes étrangères.

Après avoir composé le modèle mélodique, on doit prendre un intervalle en montant ou en descendant de la dernière note du modèle. Nous avons pris l'intervalle de tierce en montant de la dernière note *ré*; cela nous a donné *fa* pour première note de la *marche*, et pour commencer la première reproduction du modèle. Ensuite nous avons observé que, dans le modèle, la 1.re note *mi* descend d'une tierce sur le *do*; dans toutes les mesures nous descendons aussi d'une tierce pour avoir une 2.me note; dans le modèle, à la 3.me note, on descend d'une seconde de *do* à *si*; dans la reproduction et dans toutes les mesures nous descendons également d'une seconde pour avoir une 3.me note, et ainsi de suite. Cela nous a produit la marche symétrique de l'exemple ci-dessus, dans lequel nous avons également reproduit le même dessin rythmique du modèle, soit une blanche et une noire dans chacune des deux mesures. Il est à remarquer que si de la dernière note du modèle on prend un intervalle en descendant, il en résultera une marche descendante. Exemple:

*RÈGLE.* Après avoir composé le modèle, on placera à la portée du *guide* l'un des deux accords fondamentaux du ton principal dans lequel les notes de la marche seront contenues; si elles ne s'y trouvent pas on cherchera dans les tons relatifs l'accord parfait qui conviendra le mieux pour qu'elles y soient. Il est bien entendu que l'on doit toujours avoir en vue les deux règles d'harmonie et tout ce que nous avons dit sur la marche des notes d'un accord à un autre, et que le choix de celui-ci ne doit pas être contraire à cela. — Pour le premier exemple nous avons procédé de la manière suivante:

En plaçant en accord, les notes que l'on a à la portée du *guide*, on produira, si l'on veut, des accompagnements. On pourra même partager une même marche entre deux ou trois parties, ce qui produit des imitations. L'exemple ci-dessus est partagé, ainsi qu'il suit, en deux parties.

Par les accolades, nous indiquons le partage de la marche entre les deux parties. Or pendant qu'une partie fait un fragment de la marche, l'autre fait des notes de l'accord. — Pendant qu'une partie fait le dessin d'une marche, une autre partie peut faire aussi une marche avec un dessin rythmique différent. Même exemple que ci-dessus:

A la portée de la première basse, on remarque que celle-ci fait une marche sur un dessin rythmique différent de celui de la 1.<sup>re</sup> partie. A la portée de la 2.<sup>me</sup> basse nous avons un dessin différent des autres, dans lequel nous avons intercalé des notes étrangères, lesquelles sont également employées pour la formation d'un modèle.

*NOTA.* On pourra moduler aux accords de 9.<sup>me</sup> des tons relatifs, en se conformant à la règle donnée ci-dessus; dans ce cas, les notes de la marche pourront être altérées par des signes accidentels.

Nous produisons la même marche, mais par la portée du *guide* on remarque qu'à la 3.<sup>me</sup> mesure nous modulons en *la mineur* par son accord de 9.<sup>me</sup>, et cela peut se faire puisque le *ré*, 7.<sup>me</sup> de l'accord de 9.<sup>me</sup>, descend précisément à la 4.<sup>me</sup> mesure, d'une seconde, (*sur le Do*) A la 5.<sup>me</sup> mesure, nous plaçons l'accord de 9.<sup>me</sup> de *ré mineur*; en effet, le *sol* et le *mi* sont contenus dans cet accord et à la mesure suivante on peut placer l'accord parfait de *ré mineur*, puisque le *ré* et le *fa* y sont contenus. — C'est ainsi que l'on doit raisonner pour appliquer l'harmonie à tout air donné. — Après cela on peut placer les notes en accord, et faire, si l'on veut, des accompagnements; partager la *marche* entre différentes parties; faire des imitations selon la 4.<sup>me</sup> leçon; intercaler des notes étrangères dans un nouveau dessin rythmique que l'on donnerait à une autre partie qui pourrait le partager avec une autre, ainsi de suite. — Enfin les ressources mélodiques et harmoniques sur les marches sont inépuisables, surtout si l'on intercale des notes étrangères dans le modèle, lequel peut se composer de une à quatre mesures. — On s'exercera d'abord à faire des modèles mélodiques, et à y appliquer les accords dans la portée du *guide*; après cet exercice, on fera des marches harmoniques selon les moyens que nous venons d'indiquer; on pourra aussi intercaler les altérations, et les notes prolongées, que nous avons développées plus haut. Par les mêmes moyens on composera des marches de Basse en blanches ou en noires, etc.

*NOTA.* A l'exemple ci-dessus on aurait pu, à la portée du *guide*, placer d'autres accords, qui auraient exigé l'altération de quelques notes de la marche.

Voici des exemples de *modèles mélodiques* que l'on résoudra en montant et en descendant.

Les notes marquées d'une croix seront des notes étrangères. — On pourra réaliser ces *modèles* en transposant d'une seconde, ou d'une tierce plus haut ou plus bas les notes du *modèle* pour commencer la première reproduction de la marche; ou bien on pourra monter ou descendre d'une seconde ou d'une tierce de la dernière note du modèle, pour commencer la première reproduction de la marche.

# GUIDE GÉNÉRAL
## POUR LE TRAVAIL DES SIX LEÇONS.

### PREMIÈRE LEÇON.

On fera bien de trouver soi-même les deux accords fondamentaux de chaque ton et on consultera notre tableau de la page 4 avant de commencer la formation de la phrase; celle-ci, dans les morceaux à mouvements lents, peut se composer de deux mesures; celles à trois sont beaucoup plus rares; celles à huit ne sont usitées que dans le mouvement vif. — La réunion des deux phrases *(Antécédente et Conséquente)* forme, ce qu'on appelle, la *Période musicale*; on peut finir cette dernière par l'accord de 9.<sup>me</sup>; mais alors, le sens de la phrse se trouvant suspendu, on est obligé de la continuer par une nouvelle période. Il en est de même lorsque, malgré l'accord parfait de la dernière mesure, on finit la période en donnant à la mélodie ou à la partie supérieure la tierce ou la quinte de l'accord. Voilà pourquoi, à la page 3, nous disons que la mélodie doit finir le morceau par la note fondamentale de l'accord parfait du ton principal de la période, parceque cela ne laisse plus rien à désirer. — Dans tous les cas, et malgré que la mélodie, à la fin d'une période, tienne en suspens le sens de la phrase, on doit donner à la Basse la note fondamentale de l'accord parfait ou de 9.<sup>me</sup>, afin d'établir, ainsi que nous le disons à la fin de la page 3, une espèce de repos appelé *Césure* ou *Cadence*. En agissant ainsi, l'oreille peut distinguer une phrase de l'autre; cependant à la fin d'une phrase antécédente, et lorsque le mouvement de la mesure n'est pas lent, on peut se dispenser de mettre à la Basse la note fondamentale de l'accord que l'on à dans la mesure; mais à la fin d'une période, où l'on doit établir un repos plus complet, la note fondamentale à la Basse, est indispensable. — Lorsqu'on veut entièrement finir une période, on fait entendre dans les deux dernières mesures l'accord de 9.<sup>me</sup> du ton principal suivi de son accord parfait, et on met à la Basse la note fondamentale des deux accords.

Pour la composition d'une période de huit mesures nous donnons ici un petit tableau indiquant les différentes combinaisons que l'on peut faire dans la succession des deux accords fondamentaux. Le N°.5, indique que dans la mesure on doit placer l'accord parfait du ton principal. Le N°.9, indique le placement de l'accord de 9.<sup>me</sup>

*NOTA*. Le N° 5, de la dernière mesure pourra être remplacé par le. N° 9.

| N°.1. | 5 5 9 5 5 5 9 5 | N°.4. | 5 5 5 9 9 9 9 5 | N°.7. | 5 5 9 5 9 5 9 5 | N°.10. | 9 5 5 9 9 5 9 5 |
| --- | --- | --- | --- | --- | --- | --- | --- |
| N°.2. | 5 9 9 5 5 9 9 5 | N°.5. | 5 5 9 5 5 9 9 5 | N°.8. | 5 9 9 5 9 5 9 5 | N°.11. | 5 9 9 5 5 5 9 5 |
| N°.3. | 9 5 9 5 9 5 9 5 | N°.6. | 5 5 9 9 5 9 9 5 | N°.9. | 5 5 5 9 9 5 9 5 | N°.12. | 5 5 9 9 5 5 9 5 |

Nous avons trouvé 60 combinaisons différentes, mais ici nous ne donnons que celles qui sont les plus usitées. — Il est a remarquer qu'avec un seul dessin rythmique, appliqué à chacune de ces douze combinaisons, on fait douze mélodies, ayant chacune un sens différent. — A la 4.<sup>me</sup> mesure on fera bien de laisser en suspens le sens de la phrase musicale, en faisant un repos sur une blanche, qui pourrait être la tierce ou la quinte de l'accord. — A mesure que l'on fera des progrès on appliquera, si l'on veut, un dessin rythmique différent pour chaque mesure; cependant il est très usité de répéter dans la phrase conséquente les mêmes dessin rythmiques contenus dans la phrase antécédente. — On choisira des dessins faciles et progressifs; on fera d'abord des blanches, puis des noires etc. pour chaque espèce de mesure. On commencera par celle à trois temps, puis celle à deux temps etc. — Pour l'accompagnement on suivra les dessins suivants, en y appliquant soit l'accord parfait, soit l'accord de 9.<sup>me</sup>

Aux dessins ci-dessus on supprimera l'8ve. lorsqu'on appliquera des notes de l'accord parfait, ou bien si l'on conserve l'8ve., alors pour l'accord de 9me. on remplacera la tierce par la quinte, celle-ci par l'8ve., et cette dernière par la tierce.

Pour ceux qui veulent improviser au piano, et pour les petites mains, on pourra supprimer l'8ve. de l'accord parfait, et pour l'accord de 9me. on donnera la tierce pour note la plus grave. — On improvisera des mélodies dans chaque ton majeur ou mineur; on les commencera par la note fondamentale suivie de sa tierce ou de sa quinte, ou par la tierce suivie de la note fondamentale ou de sa quinte, etc. On adoptera progressivement différents dessins rythmiques de notre tableau. Ces mélodies seront improvisées, soit sur un cahier, par le travail de l'intelligence, soit sur le piano ou tout autre instrument. En faisant marcher de pair l'intelligence et l'action, on arrive ainsi, par un délassement très agréable, à exécuter et à analyser les morceaux des Auteurs sans fatiguer la mémoire et l'intelligence, laquelle, par les autres moyens adoptés, ne pourrait parvenir à improviser une mélodie, à en faire l'accompagnement ou l'harmonie, qu'après un long travail très assidu et très aride; ajoutons à cela qu'avant de le commencer il faut posséder des connaissances très approfondies sur la musique.

Par notre système, des enfants, qui sur le piano, connaissaient à peine les notes, sont arrivés à des progrès très rapides, parceque nos procédés les amusant beaucoup, et ne les fatiguant point, ils prenaient goût à la musique, et ils travaillaient avec beaucoup plus d'ardeur le piano ou leur instrument, afin de parvenir plus vite à exécuter les mélodies qu'ils avaient composées.

## TRAVAIL DE LA DEUXIÈME LEÇON.

On fera comme pour la première leçon avec la différence que l'on ajoutera des notes étrangères à la mélodie, en employant d'abord pour toutes les mesures un seul dessin rythmique; soit par exemple un des suivants:

*Mesure à Trois Temps.*

*Mesure à Deux Temps.*

*Mesure à 6/8.*

On fera de même pour la mesure à quatre temps. Il faut employer les accompagnements de la 1re. leçon. La croix indique la note étrangère qui se trouve à une seconde au dessus de la note suivante de l'accord, ou bien à une seconde mineure (*demi-ton*) au dessous. — Supposons que l'on ait: (*N°1 de la mesure à Trois Temps*) et que l'on veuille que la première noire soit un *do*, et la 3me. noire un *sol*; dans ce cas la 2me. noire qui doit être une note étrangère à l'accord parfait *do, mi, sol*, sera un *la*, lequel se trouve à une seconde au dessus de *sol* note suivante de l'accord; ou bien elle sera un *fa*♯, qui se trouve à une seconde mineure au dessous de *sol*, qui suit. — La note étrangère qui se trouve à une seconde mineure au dessous de la note suivante de l'accord est presque toujours altérée par un signe accidentel. On fera des exemples où la note étrangère se trouvera tantôt au dessus, et tantôt au dessous, en improvisant des mélodies dans plusieurs tons majeurs ou mineurs. — Après cet exercice on pourra analyser des morceaux ou il y aurait des notes étrangères, et où les périodes ne contiendraient

52

que les deux accords fondamentaux du ton principal de chaque période. — On pourra commencer à faire
l'accompagnement ou l'harmonie à des mélodies conçues dans le même genre. — Ensuite on passera au
développement de la 2me leçon ou l'on fera des mélodies dans lesquelles la note étrangère se trouverait
au temps fort de la mesure et de celles conçues d'après les cas exceptionnels que nous désignons sur le tableau de la même leçon. — On attendra la 4me leçon pour les cas exceptionnels sur les notes étrangères,
entendues simultanément.

On pourra, d'après les moyens que nous indiquons dans la première et dans la 2me leçon, improviser
des morceaux pour quatre voix. — Sur notre tableau d'instrumentation, on trouvera l'étendue de chaque
voix. — On fera d'abord des mélodies sans notes étrangères; la mélodie sera placée à la partie supérieure, on choisira pour elle un dessin rythmique; les autres parties feront un accompagnement avec
un dessin ou bien elles ne feront que des notes de l'accord; elles pourront également faire le même
dessin que la partie supérieure. — Si l'on donne des notes étrangères à la mélodie, les autres parties ne
feront que des notes de l'accord; dans ce cas la note étrangère doit se trouver au moins à distance de
tierce de la note de l'accord exécuté par la partie la plus proche à celle qui fait la note étrangère. Nous
verrons plus loin comment plusieurs parties à la fois pourront faire des notes étrangères.

*NOTA.* La note de chaque partie doit conserver sa position respective de manière à ne pas faire une note qui serait
plus haute que celle de la partie au dessus, ou plus basse que celle de la partie au dessous, lorsqu'il y a changement d'accord. — Nos exemples sont écrits pour quatre voix d'hommes; en mettant les deux parties de la clef de Fa en clef de Sol, on
aura un fragment de chœur pour quatre voix de femmes.

## EXEMPLES AVEC DES NOTES ÉTRANGÈRES

Aux trois exemples, la partie supérieure fait la mélodie avec des notes étrangères ; les autres parties à l'exemple N° 1, font un accompagnement avec un dessin rythmique que nous avons choisi, soit : ♪ ♪ ♪ pour toutes les mesures. Au N° 2, les parties font un accompagnement avec des notes soutenues de l'accord. Au N° 3, les parties font dans chaque mesure le même dessin rythmique que la première partie. On pourra improviser, ainsi que nous l'avons fait ci-dessus, plusieurs périodes dans le même genre, après avoir disposé, comme à la 1re leçon, la portée du *guide*, et après avoir appliqué à un dessin rythmique, que l'on aura choisi, les notes de l'accord avec des notes étrangères. Aux trois exemples ci-dessus on aurait pu appliquer un accompagnement de piano ou d'orchestre selon les dessins donnés à la 1re leçon.

## TRAVAIL DE LA TROISIÈME LEÇON.

Lorsqu'on saura, par écrit et de mémoire, les six tons relatifs d'un ton principal donné, on commencera, pour les tons majeurs, par la modulation au 4me degré ; c'est la plus facile ; puis on fera celle du 5me degré, ainsi de suite. — Supposons que l'on veuille faire cette dernière modulation. On choisira un ton et une mesure ; on disposera les deux phrases comme à la 1re leçon. A la portée du *guide* on disposera d'abord les deux accords fondamentaux du 5me degré aux mêmes mesures dans lesquelles nous l'avons placé à notre 3me leçon ; ensuite dans les autres mesures on placera, à volonté, les deux accords fondamentaux du ton principal de la période. A la portée au dessus du *guide*, on mettra en accord les notes que l'on a au dessous, en observant toutefois la règle d'harmonie que nous donnons dans cette leçon et notre règle générale de la 1re leçon. — On aura soin que la tierce de l'accord de 9me, du ton relatif, soit toujours entendue, soit dans cette modulation, soit dans toutes celles que l'on voudra faire par l'accord de 9me des tons relatifs ; en effet, la tierce d'un accord de 9me étant la note sensible de la gamme du ton dans lequel on va, fait pressentir la modulation que l'on veut faire. — Après ce travail on choisira un dessin rythmique auquel on appliquera les notes de l'accord que l'on a dans la mesure, pourvu qu'elles marchent sur l'accord suivant selon les règles données. Ensuite on appliquera un dessin d'accompagnement aux notes placées en accord sur la portée du 2me *guide*, dont les notes seront conservées à leurs places respectives, soit pour la partie la plus grave de l'accompagnement, soit pour les parties qui sont au dessus ; pour cela il faut voir comment nous avons procédé dans le thème que nous avons donné à la 3me leçon et à la fin des modulations sur un ton principal majeur.

*NOTA.* Pour la modulation ci-dessus au 5me degré, on doit remarquer à notre 3me leçon que le sens de la phrase étant suspendu, on sera obligé de former une nouvelle période par laquelle on fera le retour au ton principal.

Le travail que nous venons d'indiquer est également applicable à chaque genre de modulation traitée dans notre 3me leçon ; mais pour pouvoir se récréer agréablement, on pourra intercaler des notes étrangères à la partie mélodique après avoir fait quelques périodes sur une même modulation avec les seules notes de l'accord.

Le système de notre 3me leçon est fait dans le but de guider les élèves à moduler convenablement dans les tons relatifs, et de leur faire comprendre qu'ils ne doivent pas imiter ceux qui modulent à tort et à travers sans mélodie, sans césure ni repos, de manière à faire perdre la tonalité du ton principal qui doit toujours dominer à moins qu'on le change en attaquant une nouvelle période. — Lorsqu'on saura suivre les préceptes de cette 3me leçon on pourra les enfreindre et trouver d'autres combinaisons. On pourra par exemple faire suivre plusieurs accords parfaits de tous relatifs, mais comme ceux-ci ne se composent que de trois notes, on sera obligé d'en doubler toujours une pour avoir un accompagnement à quatre parties ; dans ce cas on observera rigoureusement notre règle d'harmonie. — En outre on aura soin que l'accord parfait du 5me degré du ton majeur ne soit pas précédé ou suivi de l'accord parfait du 2me ou du 4me degré, à moins que l'on fasse une *marche* ou progression selon les moyens que nous avons donnés à la fin de la 6me leçon. Dans les tons mineurs l'accord parfait du 5me degré ne doit pas non plus être précédé ou suivi de l'accord parfait du 4me et du 6me degré. Exemple :

On pourra soi-même trouver d'autres combinaisons. — Il sera bien d'analyser les modulations des mor_
ceaux de musique, ainsi que de trouver l'accompagnement ou l'harmonie aux mélodies qui moduleraient dans les
tons relatifs, et qui par la marche de leurs notes seraient favorables aux modulations. Voici une mélodie de qua_
tre mesures à laquelle nous appliquons des accords de différentes manières, ainsi qu'on peut le voir par la
portée du *guide*.

Si nous avions voulu faire des modulations en trompant l'oreille, comme celles de la 5.<sup></sup> leçon nous au_
rions trouvé bon nombre de combinaisons, même sans sortir des tons relatifs du ton principal; il aurait
été de même si, en supposant un mouvement lent pour l'exécution de cette mélodie, nous avions changé
d'accord à chaque temps de la mesure, ce qui ne peut se faire dans un mouvement vif, parceque les chan_
gements d'accords seraient trop précipités. Dans cette mélodie on remarque que toutes les notes marchent
par seconde, ce qui prête beaucoup aux changements d'accords, parceque deux notes qui se suivent par se_
conde peuvent être, l'une ou l'autre, considérées indifféramment comme étrangères, ou comme notes d'accord
à moins que le mouvement de la mesure soit très lent, et que les notes soient de longue durée; ainsi dans tou_
tes les mesures de chaque exemple on remarque que les croix ne sont pas toujours placées sur les mêmes notes.
A moins que l'on veuille faire modulation en trompant l'oreille, la règle générale est, qu'après un accord de 9.<sup>me</sup>
on doit faire suivre l'accord parfait du ton auquel appartient l'accord de 9.<sup>me</sup> qui précède; c'est ainsi que nous a_
vons pratiqué dans cet exemple; or toutes les fois que, par la marche des notes de la mélodie, nous jugions
qu'en attaquant un accord de 9.<sup>me</sup>, nous pouvions faire succéder l'accord parfait du même ton, nous n'avons pas
hésité à le faire; ainsi au N° 2, et au 3.<sup>me</sup> temps de la 3.<sup>me</sup> mesure, nous avons attaqué l'accord de 9.<sup>me</sup> de *sol* ma_
jeur suivi de son accord parfait, parceque nous avons remarqué qu'à la 4.<sup>me</sup> mesure le *si* de la mélodie pouvait
être considéré comme tierce de l'accord parfait de *sol* majeur, et que dans la mesure précédente, le *do* pouvait ê_
tre considéré comme 7.<sup>me</sup> de l'accord de 9.<sup>me</sup> de *sol* majeur, laquelle 7.<sup>me</sup> doit, selon nos règles, descendre d'une se_
conde, et en effet, dans l'exemple ci-dessus elle descend sur le *si*, note étrangère, qui *anticipe* sur le *si* de l'ac_
cord suivant. Au N° 6, à la 3.<sup>me</sup> mesure, nous avons jugé à propos de placer l'accord de 9.<sup>me</sup> de *la* mineur suivi
de son accord parfait; cela pouvait se faire, parceque le *ré*, 7.<sup>me</sup> de l'accord de 9.<sup>me</sup> descend précisément sur le *do*

de l'accord parfait suivant. On fera le même raisonnement pour toutes les mesures de chaque exemple. — En résumé, sur deux notes quelconques, marchant par intervalle chromatique, ou par seconde, on peut appliquer un accord quelconque, pourvu que l'une des deux notes soit contenue dans l'accord.[*] — A l'exemple ci-dessus, on pourra placer en accord les notes de la portée du *guide*, et l'on se rendra compte des différents effets des accords que nous avons appliqués à la mélodie, dont le sens se trouvant suspendu, on serait obligé de la continuer par une nouvelle phrase.

On fera le même raisonnement que ci-dessus pour des mélodies dont on aurait à trouver l'accompagnement ou l'harmonie. — En supposant, par exemple, que l'on veuille, dans une mélodie, considérer la note *mi naturel* comme note d'accord, nous avons placé ci-dessous les différents accords dans lesquels elle est contenue, et l'on pourra, soi-même, faire la même chose pour une note quelconque.

Le *mi*, selon l'accord, devient ou note fondamentale, ou tierce, ou quinte, ou 7.me ou 9.me; il est évident que si, par exemple, dans la mélodie à ce *mi* succède la note *ré*, en descendant d'une seconde; et que l'on considère comme note d'accord, on ne pourra pas appliquer l'accord de 9.me du N.° 3, ou le *mi*, selon notre *règle générale*, doit monter d'une seconde. Si après le *mi*, en montant d'une seconde, on a la note *fa*, on ne pourra pas appliquer l'accord de 9.me du N.° 5, ou le *mi* doit descendre.

On peut improviser des mélodies pour des voix, en suivant les mêmes moyens que nous avons indiqués ci-dessus, en parlant de la 2.me leçon; avec la seule différence que toutes les périodes se composeront de modulations aux tons relatifs, et qu'il y aura la préparation de la portée du *guide* et de celle du 2.me *guide*.

### TRAVAIL DE LA QUATRIÈME LEÇON.

Les batteries ou arpèges sont très usitées; dans différentes théories on les appelle *accords brisés*; en effet ce sont des notes de l'accord que l'on fait entendre, lesquelles, au lieu d'être placées en accord, sont écrites successivement, en forme de mélodie, ayant un dessin rythmique particulier. Ainsi lorsqu'à la portée du 2.me *guide* on aura placé en accord, selon nos règles, les notes de la partie du 1.er *guide*, une partie pourra faire entendre d'une manière successive et en forme de mélodie, ces mêmes notes que l'on aura ainsi arrangées à cette portée. Exemple:

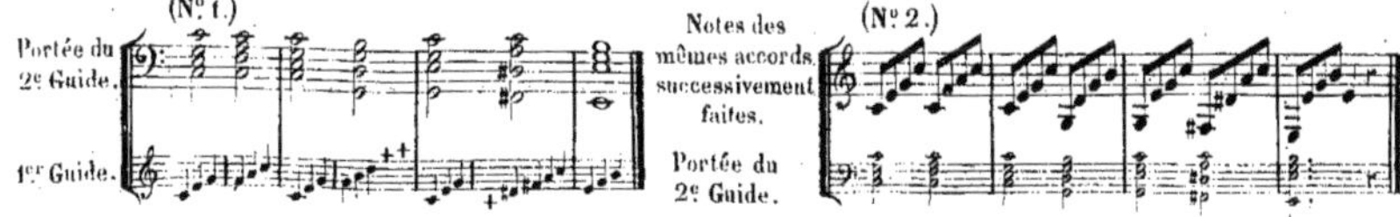


Au N.° 2, on voit qu'avec un dessin rythmique particulier, nous faisons entendre successivement les mêmes notes, arrangées et entendues simultanément, à la portée du 2.me *guide*. On remarque que les notes ainsi arrangées en batterie font, dans leur marche ascendante ou descendante sur les notes de l'accord suivant, la même marche que celle des notes de la portée du 2.me *guide*; en effet au N.° 2, à la 3.me mesure et à la portée du 2.me *guide*, le *sol* de la Basse descend d'une seconde sur le *fa* ♯; à la portée au dessus on voit que le *sol* grave de la batterie attaque également le *fa* ♯ en descendant d'une seconde. Le *mi*, de la portée du 2.me *guide*, descend d'une seconde sur le *ré* ♯; dans la batterie le *mi* devient également un *ré* ♯, c'est à dire que nous le faisons également descendre d'une seconde sur le *ré* ♯. Le *sol* 8.ve, à la portée du 2.me *guide*, monte d'une seconde sur le *la*, le *sol*, 8.ve de la batterie fait la même chose. Le *do* du 2.me *guide*, reste en place dans les deux accords, dans la batterie le *do* reste également en place dans le changement d'accord.

[*] Il faut aussi que la note appartienne à la gamme du ton duquel dérive l'accord.

C'est toujours ainsi que l'on doit procéder lorsqu'on veut faire des batteries, car c'est le moyen le plus sûr pour ne pas en faire de mauvaises. — Parfois il résulte qu'en voulant mettre dans une batterie toutes les notes placées en accord à la portée du 2<sup>me</sup> *guide*, et arrangées à quatre parties, on est obligé de laisser subsister de grands écarts d'une note à l'autre, ce qui est précisément arrivé à l'exemple ci-dessus; dans ce cas on peut supprimer à la batterie la note la plus grave de l'accord, placée sur la portée du 2<sup>me</sup> *guide*, et l'on pourra, si l'on veut, la remplacer en répétant dans la batterie une ou plusieurs fois une note quelconque de l'accord. — Nous donnons pour exemple celui qui précède, dont les batteries sont arrangées de différentes manières. Nous supprimons la portée du 2<sup>me</sup> *guide*.

On peut donner à ces mêmes notes une infinité de dessins rythmiques. — Les batteries peuvent être également placées à la Basse, pourvu que la première note de la batterie, dans les changements d'accords, soit celle que l'on aura arrangée à la 2<sup>me</sup> portée du *guide*, afin qu'elle fasse bonne Basse avec les autres parties, selon nos règles données.

*NOTA*. Les notes de la batterie doivent avoir la même disposition que celle qu'elles ont à la portée du 2<sup>me</sup> *guide*, c'est à dire que la note qui, à la portée du *guide*, est au dessus des autres, doit dans la batterie conserver la même place, et elle ne doit pas être placée au dessous; ainsi dans l'exemple ci-dessus, on voit que le *ré* ♯ se trouve toujours au dessous des autres notes, parcequ'à la portée du 2<sup>me</sup> *guide* il a la même disposition, cette règle a bien des exceptions, mais il vaut mieux s'y conformer pour ne pas se tromper. Cependant la note la plus grave de l'accord que l'on a à la portée du 2<sup>me</sup> *guide*, pourra être doublée et placée dans la batterie, dans laquelle cette note ne sera ni première, ni dernière; parceque la première note de la batterie ne doit pas, en frappant l'accord, faire la même note que la Basse, à moins que la batterie soit à contre temps, ainsi que nous le disons à la 4<sup>me</sup> leçon.

## EMPLOI DES NOTES ÉTRANGÈRES DANS DIFFÉRENTES PARTIES.

On commencera d'abord à deux parties, ainsi que nous le faisons à la 4<sup>me</sup> leçon, c'est-à-dire, qu'une partie soutiendra une note de l'accord, et pendant la durée de celle-ci, une autre partie fera des notes étrangères, en ayant soin que la note étrangère soit à distance au moins d'une tierce de la note de l'accord d'une autre partie. Ensuite on fera des exemples à trois ou à quatre parties, en suivant le même système, c'est-à-dire, que pendant qu'une partie fera un dessin rythmique contenant des notes étrangères, les autres parties soutiendront des notes de l'accord placé à la portée du 2<sup>me</sup> *guide*, et chaque partie, à son tour pourra répéter ou le même dessin rythmique, ou un nouveau; cela peut se faire soit dans la même mesure, soit après deux ou plusieurs mesures, selon la longueur du morceau de musique que l'on veut faire. On pourra ajouter un accompagnement à quatre parties, en suivant toujours les mêmes procédés, indiqués dans les premières leçons. On pourra également ajouter une partie qui ferait des batteries. — On composera aussi pour des voix, à quatre parties. — Deux, trois ou quatre parties peuvent faire, simultanément, des notes étrangères. Dans ce cas nous appellerons cela, *accord étranger*; pour que cet accord puisse se succéder, il faut observer notre règle générale de la 1<sup>re</sup> leçon et nos deux règles d'harmonie de la 3<sup>me</sup> et de la 5<sup>me</sup> leçon, sur la marche des notes de l'accord réel à l'accord étranger, et de celui-ci sur un accord suivant, réel ou étranger. Il arrivera qu'en attaquant un accord étranger, et en faisant suivre un accord réel ou étranger, on fasse, par un des deux accords fondamentaux d'un ton. 1° Modulation naturelle; 2° Modulation à un ton relatif; 3° Modulation à un ton non relatif; 4° Modulation dans un ton relatif ou non relatif en trompant l'oreille, ainsi qu'on l'a vu à la 5<sup>me</sup> leçon. Nous allons donner un exemple pour chacun de ces quatre cas; l'accord étranger sera marqué en petites notes, et nous supposerons qu'il est fait par quatre parties. Exemple:

Au N° 1, on fait modulation naturelle en attaquant comme accord étranger, l'accord de 9<sup>me</sup> du ton principal. Il en est de même au N° 2, où, comme accord étranger, les quatre parties attaquent l'accord parfait du ton principal. Au N° 3, les quatre parties attaquent comme accord étranger, l'accord de 9<sup>me</sup> de *mi* mineur, mais, en trompant l'oreille, elles reviennent à l'accord parfait réel du ton principal, au lieu de prendre l'accord parfait de *mi* mineur. Au N° 4, comme accord étranger on attaque l'accord de 9<sup>me</sup> de *ré* ♭, auquel on a retranché la 9<sup>me</sup> et où la 7<sup>me</sup> s'est transformé enharmoniquement en *fa* ♯, mais, en trompant l'oreille, on revient à l'accord réel de 9<sup>me</sup> du ton principal. Ainsi au N° 3, on fait modulation à l'accord de 9<sup>me</sup> d'un ton relatif, et au N° 4, on fait modulation à l'accord de 9<sup>me</sup> d'un ton non relatif. Notre 5<sup>me</sup> leçon pourra servir de modèle pour attaquer comme accord étranger tout ceux que l'on peut attaquer comme accords réels. On pourra, dans les accords étrangers intercaler des altérations aux notes en suivant les procédés que nous avons indiqués à la fin de la 6<sup>me</sup> leçon. Quant à la durée des accords étrangers, on suivra ce que nous disons à la 2<sup>me</sup> leçon, sur les notes étrangères. Pour les accords étrangers sur le temps fort de la mesure, on suivra ce que nous disons au développement de la même leçon. On composera des périodes dans lesquelles trois ou quatre parties feront simultanément des notes étrangères, c'est-à-dire des accords étrangers selon les moyens que nous venons d'indiquer: Lorsque deux parties font simultanément des notes étrangères, elles doivent être en tierce ou en sixte ainsi que nous l'indiquons à la 4<sup>me</sup> leçon. En faisant modulation naturelle, deux notes étrangères pourront se trouver entr'elles à l'intervalle de seconde, de quarte, de quinte et de 7<sup>me</sup>; pourvu que les deux parties aillent sur ces notes étrangères en sens contraire; mais si elles vont sur un intervalle de seconde, il ne faut pas que les deux parties se trouvent dans la même 8<sup>ve</sup>. Lorsqu'elles auront produit un accord étranger de cette nature, c'est-à-dire, de seconde, de tierce, de quarte, de quinte, et de 7<sup>me</sup>, (*encore faut il que le mouvement soit vif.*) il ne faut pas qu'elles en produisent de nouveau un autre dans le même genre. — Il y a des exceptions pour les accords étrangers faits par trois ou quatre parties lorsqu'elles font une gamme descendante, ou montante; nous indiquons ces cas exceptionnels sur notre tableau de la 2<sup>me</sup> leçon. — Lorsque deux parties font une suite de tierces ou de sixtes en altérant les notes de la gamme par des signes accidentels, il faut éviter qu'elles fassent une suite de deux tierces majeures, ou de deux sixtes mineures. — La partie qui fait la batterie pourra faire des notes étrangères simultanément avec une autre partie. Exemple:

*NOTA.* Lorsqu'il n'y a qu'une batterie pour accompagner une mélodie, il faut que la 1<sup>re</sup> note de la batterie fasse bonne Basse avec la mélodie à chaque changement d'accord.

### DES IMITATIONS. (*Voir le tableau de la 4<sup>me</sup> leçon.*)

Nous allons indiquer un moyen pour que l'on sache profiter des ressources que contient notre tableau d'imitations, lequel résume toutes les compositions idéales que l'on voudra faire par des morceaux de longue ou de courte durée et par lequel on pourra faire aussi des variations de toutes sortes à un thême quelconque. Supposons que l'on veuille faire une marche ou progression *(voir la 6me leçon.)* en prenant pour modèle le des_sin rythmique que nous donnons à imiter à la 4.me leçon; d'après les moyens indiqués il résultera la mar_che suivante, à laquelle, à la portée du *guide*, nous avons appliqué les accords suivants, que l'on arrangera à quatre parties.

Au premier exemple et au N.º 2, on remarque que les notes du modèle sont transposées une seconde plus bas. Au N.º 3, elles sont une tierce plus bas, ainsi de suite. Au 2.me exemple et au N.º 2, elles sont une seconde plus haut. Au N.º 3, elles sont une tierce plus haut, ainsi de suite. Au N.º 8, on aurait pu les trans_poser une 8.ve au dessus. Dans l'exemple ci-dessus, c'est la même partie qui fait toutes les transpositions. Or pour faire des imitations à deux, trois ou quatre parties, on choisira un numéro quelconque des deux exemples ci-dessus, et on le donnera à une partie, pendant que les autres soutiendront une note de l'accord. Exemple dans lequel nous transformons le modèle ci-dessus en quatre croches, afin de pouvoir faire l'imitation dans la même mesure; nous changeons aussi la 2.me note du modèle.

Dans cet exemple, nous produisons toutes les transpositions faites par la même partie dans le 1.er ta_bleau ci-dessus, avec la différence que la valeur des quatre notes du modèle a été diminuée, et que la 2.e note du modèle a été transformée en note d'accord, au lieu d'être une note étrangère: on pourra, dans le modèle à imiter, placer des notes étrangères, mais on doit faire en sorte que la note étrangère de la partie qui fait l'imitation, ne touche pas dans la même 8.ve, à l'intervalle de seconde, la note de l'accord de la partie au dessus ou au dessous. Les imitations de l'exemple ci-dessus pourraient se réduire à 4 mesures, si l'on voulait réduire les quatre croches en quatre doubles croches; on appelle cela *serrer les imitations.*—Aux différentes transpositions du tableau ci-dessus, on pourra appliquer des accords en mo_dulant aux tons relatifs du ton principal de la période; dans ce cas les quatre notes pourront subir des altérations par des signes accidentels: Exemple à deux parties, où les quatre notes du modèle prennent la forme de quatre croches.

C'est la Basse qui commence les quatre notes du modèle *do, ré, mi, do*, à imiter, on voit que nous produisons dans cet exemple presque toutes les transpositions du tableau donné plus haut, avec la différence que certaines notes ont été altérées, à cause des modulations que l'on à voulu faire aux accords de 9<sup>me</sup>, des tons relatifs à *do* majeur. L'on fera la 2<sup>me</sup> portée du *guide*, et l'on placera en accord, les notes des accords fondamentaux de chaque mesure ci-dessus, afin de pouvoir faire l'harmonie ou l'accompagnement des deux parties qui font les imitations. Ce même exemple pourrait être arrangé à quatre parties comme le précédent.

Dans ces deux derniers exemples on aurait pu faire des imitations de quatre manières différentes:

1º On aurait pu conserver en noires, les notes du tableau de transposition du modèle donné plus haut; choisir un numéro, et donner les quatre notes à une partie; ensuite, parmi les sept portées du tableau de la 4<sup>me</sup> leçon, on aurait choisi une combinaison qu'on aurait placée à une 2<sup>me</sup> partie dans la mesure suivante; pour les deux autres parties on aurait pu procéder de la même manière.

2º On pourrait aussi composer soi-même un modèle d'une mesure; le transposer à tous les intervalles, ainsi que nous l'avons fait au tableau de transposition, donné plus haut. Aux notes du modèle ou à celles transposées on appliquerait une des variétés contenues dans notre tableau de la 4<sup>me</sup> leçon, en procédant de la même manière pour donner de la variété aux quatre parties.

3º On pourra également faire des modèles de deux, de quatre ou de huit mesures (*voir la 6<sup>e</sup> leçon sur les marches progressives*), transposer les notes comme ci-dessus; choisir un Nº, le donner à une partie; pour les autres parties procéder comme ci-dessus, avec la différence, qu'une 2<sup>me</sup> partie n'entrerait en imitation qu'après deux, quatre ou huit mesures, dont le modèle se composerait.

4º On pourra, si l'on veut, prolonger le morceau en changeant de ton après une ou plusieurs périodes et par les moyens que nous venons d'indiquer, reproduire les imitations dans un ton relatif majeur ou mineur, en les variant de nouveau, si l'on veut; on pourra même les reproduire dans chaque ton relatif majeur ou mineur. Vers la fin du morceau on fera bien de *serrer* les imitations ainsi que nous l'avons indiqué plus haut. Pour ne point faire une longue suite d'imitations on pourra l'interrompre en intercalant d'autres mélodies, ou un autre genre de composition.

Nous croyons que les moyens que nous indiquons doivent suffire pour que l'on sache, soi-même, trouver les ressources du tableau de la 4<sup>me</sup> leçon. Il n'est pas dans notre but d'entraver l'intelligence de ceux qui désirent se livrer à la composition idéale; c'est pour cela que nous ne donnons point d'exemples qui d'ailleurs ne serviraient à rien, puisque comme on le voit, ils seraient inépuisables.

*NOTA.* La partie à imiter s'appelle *sujet*; à 4 parties il y aura, à tour de role, 1<sup>er</sup> 2º et 3º *contre-sujet* ou *contre-chant.*

## TRAVAIL DE LA 5<sup>me</sup> ET 6<sup>me</sup> LEÇON.

Notre tableau des accords de 9<sup>me</sup> de tous les tons (*5<sup>e</sup> leçon*) est très important pour se rendre compte de toutes espèces de modulations que l'on veut faire, ainsi que pour l'analyse des morceaux et pour l'application de certains accords à une mélodie, dont on aurait à faire l'accompagnement. Ce tableau indique le pourquoi certaines modulations peuvent se faire. En effet, il ne suffit pas de savoir par routine que tel accord peut succéder à tel autre, (*d'ailleurs les exemples seraient innombrables*) il faut aussi connaître pourquoi tel accord peut succéder à tel autre. — Les explications et les exemples de notre 5<sup>me</sup> leçon suffisent pour en faire de semblables en prenant pour point de départ un ton quelconque; faire la modulation et revenir au ton principal, soit par le même moyen, soit par un nouveau.

Nous avons dit à la 6<sup>me</sup> leçon qu'il serait très long de donner des exemples sur les exceptions des notes prolongées selon les trois moyens indiqués, ou des altérations. Cependant il y a des exceptions qui sont usitées, comme par exemple:  - On voit par exemple que les quatre parties prolongent l'accord de 9<sup>me</sup> selon le premier moyen de la 6<sup>e</sup>

leçon, et que deux parties montent d'une seconde au lieu de descendre d'une seconde. Il y a dans cet exemple quadruple prolongation. __ Les doubles prolongations sont beaucoup plus usitées.

Pour la facilité des personnes qui désirent apprendre à connaître les demi-tons qu'il y a d'une note à une autre, nous donnons ici l'échelle suivante des douze sons; cette échelle est répétée sept-fois sur les pianos à sept octaves. __ Nous indiquons les sons par des points noirs.

| 1 | 2 | 3 | 4 | 5 | 6 | 7 | 8 | 9 | 10 | 11 | 12 | 13 ou 1, |
|---|---|---|---|---|---|---|---|---|---|---|---|---|
| Do. | Do ♯. | Ré. | Ré ♯. | Mi. | Fa. | Fa ♯. | Sol. | Sol ♯. | La. | La ♯. | Si. | Répétition du 1er son. |
| | Ré ♭. | | Mi ♭. | Fa ♭. | Mi ♯. | Sol ♭. | | La ♭. | | Si ♭. | Do ♭. | Si ♯. |

$$\overline{5 \_\_ 9}^{(1)} \quad \overline{\frac{5}{1}\_\_\frac{5}{2}\_\_\frac{5}{3}}^{(2)} \overline{\frac{5}{4}\_\_\frac{5}{5}\_\_\frac{5}{6}} \quad \overline{\frac{9}{1}\_\_\frac{9}{2}\_\_\frac{9}{3}}^{(3)} \overline{\frac{9}{4}\_\_\frac{9}{5}\_\_\frac{9}{6}} \quad \overline{\frac{5}{5\sharp}}^{(4)} \overline{\frac{5}{5\flat}} \quad \overline{\frac{9}{5\sharp}}^{(5)} \frac{9}{5\flat}$$

Pour les tons mineurs on ajoutera $\frac{5}{7} \_ \frac{9}{7}$ au lieu de $\frac{5}{2}$ et $\frac{9}{2}$ qui n'existent pas en mineur.

Lorsqu'on aura l'habitude de la portée du 1er *guide*, et que l'intelligence sera pénétrée des deux accords fondamentaux d'un ton, de la suppression de certaines notes de l'accord de 9me, des notes que l'on peut mettre à la Basse, et des altérations ou prolongations que l'on peut faire, on pourra supprimer la portée du 1er *guide*, et pour abréger le travail on notera l'accord parfait par le N.º 5, et l'accord de 9me par le N.º 9. Par les N.ºs placés à la 2me case ci-dessus on notera, au dessous de la portée du 2me *guide*, les modulations à l'accord parfait de chaque ton relatif au ton principal de la période. Le N.º 5, en haut indique l'accord parfait, et le N.º en bas indique chaque degré. A la 3me case les N.ºs indiquent la modulation aux accords de 9me des tons relatifs de chaque degré. A la 4me et 5me case, lorsqu'on module aux tons non relatifs, le N.º au dessus indique l'accord parfait ou l'accord de 9me du ton non relatif, et le N.º au dessous indique le degré de la gamme qui est altérée par le signe accidentel. Dans ces deux dernières cases nous avons pris pour exemple le 5me degré de la gamme de *do*, c'est-à-dire, *sol* altéré par le ♯ ou par le ♭; cela indique l'accord parfait de *sol* ♯ ou de *sol* ♭. A la 5me case, nous indiquons l'accord de 9me de *sol* ♯ ou de *sol* ♭.

## DE LA BASSE CHIFFRÉE, *(pratiquée dans les autres traités.)*

Nous donnons ici un tableau contenant les principaux chiffres que l'on place sur une note de Basse; les chiffres indiquent les différents accords que l'on doit placer au dessus. *Nous supprimons la chiffraison des retards.*

| | | |
|---|---|---|
| Accords parfaits. $5 \_ 6 \_ \overset{6}{4}$ | Acc.ᵈ de 7me diminuée. $7 \_ \overset{+6}{5} \_ \overset{+4}{3} \_ +2$ | Acc.ᵈ de 7me de 3me espèce. $\overset{7}{5} \_ \overset{6}{5} \_ \overset{+4}{3} \_ 2$ |
| Accord de quinte diminuée. $5 \_ 6 \_ +\overset{6}{4}$ | Acc.ᵈ de 7me sensible. $\overset{7}{5} \_ \overset{+6}{5} \_ \overset{+4}{3} \_ \overset{4}{+2}$ | Acc.ᵈ de 7me de 2me espèce. $7 \_ \overset{6}{5} \_ \overset{4}{3} \_ 2$ |
| Accord de 7me dominante. $\overset{7}{+} \_ \overset{6}{5} \_ \overset{4}{3} \_ \overset{+4}{2}$ | Acc.ᵈ de 9me mineur. $\overset{9}{7} \_ \overset{7}{6} \_ \overset{+6}{5} \_ \overset{+4}{3}$ | Acc.ᵈ de 7me de 4me espèce. $7 \_ \overset{6}{5} \_ \overset{4}{3} \_ 2$ |
| | Acc.ᵈ de 9me majeur. $\overset{9}{7} \_ \overset{7}{6} \_ \overset{+6}{5} \_ \overset{+3}{2}$ | |

Le premier chiffre indique l'état direct de l'accord; le 2me indique le 1er renversement, ou tierce de l'accord à la Basse; le 3me indique le 2me renversement, ou quinte de l'accord à la Basse; le 4me désigne le 3me renversement, ou 7me de l'accord à la Basse. Les signes accidentels se placent à gauche du chiffre, et ils altèrent l'intervalle indiqué par le chiffre: si ce dernier est placé au dessus de la note de Basse isolé ou sous un chiffre, il altère la tierce de l'accord. En réalisant une Basse chiffrée, on suivra ce que nous avons dit sur la marche des notes à l'accord qui suit.

## RÉSUMÉ GÉNÉRAL.

Le système de la Basse chiffrée avec les 15 accords est très rationnel, mais tous les Professeurs conviendront avec nous qu'il est trop long, trop compliqué, qu'il n'est pas à la portée de toutes les intelligences et que les élèves, en voyant différents chiffres sur une note de Basse, ne peuvent de prime abord, comprendre le but du travail. __ Il fallait un traité, dans le genre du notre, pour être donné d'abord en lecture aux élèves qui désirent l'étudier. Après cette lecture, il est certain qu'ils pourront promptement et avec goût profiter des leçons de la Basse chiffrée. — D'ailleurs; beaucoup de personnes n'apprennent la musique que par agrément; or, ils leur manquait un ouvrage pour apprendre également par agrément à improviser des morceaux de musique, et arriver ainsi aux connaissances de la composition musicale. — En tête de notre 1.re leçon, nous disons que chaque ton *maj:* ou *min:* possède *deux accords fondamentaux* par lesquels on compose toutes sortes de morceaux de musique. Cette définition qui est vraie, ainsi qu'on l'a vu par nos six leçons, nous dispense de donner la nomenclature des *quinze accords* consignés dans tous les traités d'harmonie. Ainsi à la 5.me leçon nous trouvons l'accord appelé: *sixte augmentée*, lequel n'est autre que notre accord de 9.me *(moins sa 9.me)* et dans lequel par l'enharmonie, la 7.me de l'accord se transforme en sixte augmentée; par exemple: *sol, si, ré, fa,* — *sol, si, ré, mi*♯. — A la 6.me leçon, nous trouvons l'accord de 7.me *sensible,* et de 7.me *de 3.me espèce;* par exemple: *si, ré, fa, la,* qui représente notre accord de 9.me de *do* maj: *(moins sa fond.le Sol)* par lequel, en faisant modulation par tromperie, on module de *do* en *la* min: et de *la* min: on peut revenir en *do* maj: par son accord de 9.me *si, ré, fa, la,* *(moins sa fond.le Sol)* — A la fin de la 6.me leçon, nous trouvons l'accord appelé, *quarte et sixte augmentées,* par exemple: *fa, la, si, ré*♯; cet accord n'est autre que notre accord de 9.me de *do* maj: *si, ré, fa, la,* *(moins sa fond.le Sol)* dont on altère la quinte *ré,* par le ♯ *(voir notre tableau sur les altérations des notes d'un accord.)* — A la 6.me leçon, et sur les notes prolongées par le 2.me moyen, nous trouvons l'accord appelé 7.me *de 2.me espèce,* ou 7.me *min:* avec *tierce min:* et l'accord de 7.me *de 4.me espèce,* ou de 7.me *maj:;* de ces deux accords, si on retranche la 7.me, qui se prolonge sur l'accord parfait suivant, en modulant dans les tons relatifs, il en résulte l'accord parfait du ton dans lequel on a voulu moduler. — Au 3.me moyen de prolongation, nous trouvons les accords de 11.me ou de 13.me *sur tonique;* ce n'est que la note fond.le de l'accord parfait qui se prolonge à la Basse, sur notre accord de 9.me. — L'accord de *quinte diminuée* n'est autre que notre accord de 9.me, par exemple: *si, ré, fa,* auquel on retranche la fonda.le *sol,* et sa 9.me; ou bien *ré, fa, la* ♭, auquel on retranche la fond.le *sol,* et la tierce *si.* — L'accord de 7.me *dominante, sol, si, ré, fa,* est encore notre accord de 9.me *(moins sa 9.me)* — L'accord de 7.me *diminuée, si, ré, fa, la* ♭ est toujours notre accord de 9.me *(moins sa fond.le Sol)* — Ainsi il résulte que pour *do* maj: on a son accord parfait, *do, mi, sol,* et son accord de 9.me *sol, si, ré, fa, la;* pour *do* min: on a son accord parfait, *do, mi* ♭, *sol,* et son accord de 9.me *sol, si, ré, fa, la* ♭. — La résolution des notes de l'accord de 9.me, en faisant modulation naturelle, est celle indiquée à la règle générale de notre 1.re leçon, laquelle règle se rapporte également avec celle donnée dans les traités, sur les accords ci-dessus, qui ne sont que des fragments de l'accord de 9.me. — La résolution exceptionnelle de notre accord de 9.me est indiquée par nos deux règles d'harmonie de la 3.me et de la 5.me leçon. — Notre manière de procéder nous a dispensé de parler des intervalles, des renversements, des quintes, des 8.ves réelles ou cachées; des cadences; des retards ou suspensions; des canons; du contre-point; de la fausse relation; etc. Ce sont des mots que nous avons écarté de notre traité, parceque, bien qu'ils représentent les faits harmoniques auxquels on les applique, ils ont un sens, pour ainsi dire, mystérieux pour les personnes qui commencent; voilà pourquoi nous nous sommes contentés de la simple explication de la chose, sans lui donner aucun nom. — Les *retards* ont été traités par nous comme notes prolongées; il nous a paru que cette définition était mieux à la portée de tout le monde. — Enfin nous avons caché tout ce qui pouvait entraver l'intelligence, la bonne volonté, et le goût des commençants; — heureux, si nous avons réussi! L'art y gagnera, parceque les amateurs seront beaucoup plus nombreux, et les Professeurs, qui dans le début, donneront notre traité en lecture, auront moins de peine à inculquer les principes de la Composition musicale par la Basse chiffrée, parceque les élèves saisiront alors plus facilement l'ensemble des faits harmoniques qui auront été vus dans notre traité, par nos principaux moyens de procéder, c'est-à-dire; 1.° Par les deux *portées du guide;* 2.° Par nos six tableaux; 3.° Par nos *notes prolongées;* 4.° Par la transformation, que nous croyons logiquement traitée, des *quinze accords,* en *deux accords fondamentaux* pour chaque ton maj: ou min: et par lesquels nous avons commencé.

*NOTA.* Le tableau d'instrumentation se vend à part.

**FIN.**